KB043180

브랜드가
되어간다는 것

마케터 강민호의 브랜드 에세이

나는
하루 한 번
[나] 라는
브랜드를
만난다

"성격이 운명이다."

헤라클레이토스(Heraclitus of Ephesus)

거울에 비친
한 사람

"한 사람, 한 사람의 삶은 자기 자신에게로 이르는 길이다."
 – 헤르만 헤세의 소설 〈데미안〉 中

   지난 몇 년간 저는 똑같은 훈련과 습관이 반복되는 매일을 살고 있습니다. 사실 힘들고 지칠 때가 많습니다. 가끔은 다른 사람들처럼 일이 끝나면 집에서 TV도 보고 친구도 만나고 싶습니다. 주말에는 여행도 즐기고 제가 좋아하는 자전거도 마음껏 탈 수 있으면 얼마나 좋을까 상상도 해봅니다. 유혹도 많지만 참고 인내하며 지내고 있습니다. 왜냐하면 그렇게 하고 싶은 이유와 목적이 있기 때문입니다.

어릴 적 저의 꿈은 돈을 많이 버는 것이었습니다. 보란 듯이 성공해서 비주류에 대한 편견과 선입견을 가진 사회와 사람들에게 보여주는 것이었습니다. 그렇게 하면 속이 시원할 줄 알았습니다. 참 우습죠? 고작 세상과 타인에 대한 자기과시가 한 사람의 꿈이 될 수 있다니⋯ 그런데 신기하게도 열등감에서 시작된 과시욕은 하루를 살아가는 힘이 되곤 했습니다. 왜 성공해야만 하는지 확실한 이유를 제공해 주었으니까요. 하지만 올바르게 성장하고 성공하는 것이 목적이 아니라, 다른 사람을 끌어내리는 것이 목적인 삶의 초점은 결코 나 자신을 위한 것이 아니었습니다. 그야말로 타인 지향적인 삶이었던 것 입니다.

그때는 몰랐습니다.
피해 의식으로 가득 찬 나의 마음이
스스로를 피해자의 삶으로 만든다는 사실 말입니다.

주변 사람들에게 인정받고 싶고, 누군가를 이기고 싶고, 때로는 존재감을 과시하고 싶은 욕망이 자라날수록, 저는 스스로가 가진 피해의식의 최대 피해자가 되어갔습니다. 거의 모든 것을 잃고 나서야 비로소 깨닫게 된 사실은 하나였습니다.

"더 이상 타인의 삶 주변부를 서성이는 일은 그만두자."

돌이켜보면 아무도 나에게 타인에 대한 미움을 강요하지 않았습니다. 아무도 나에게 사회에 대한 원망을 요구하지 않았습니다. 결국 그 마음은 이미 그렇게 하기로 결심한 나의 마음에서 자라나는 것이었습니다. 다른 사람을 탓하고 미워하고 원망했던 마음을, 다시 그 마음이 태어난 원래의 자리로 돌려주었습니다. 드디어 스스로가 만들어낸 타인이라는 지옥을 벗어나게 되었습니다. 그렇게 십 년이 지나자 진정한 의미의 목표가 생겼습니다. 내면의 호기심이 마음속에 꿈틀대기 시작했습니다.

"나는 누구일까?"

[나]라는 사람이 알고 싶어졌습니다. 내가 누구인지에 대한 궁금증이 생기기 시작했습니다. 나는 어떤 사람인지, 가지고 있는 가능성과 한계는 어디까지인지, 얼마나 더 비참한 상황에서도 다시 일어서고 극복할 수 있는 사람인지…

생각해보니 나는 나에 대해 아는 것이 별로 없었습니다. 자연스레 나에 대해 좀 더 자세히 알고 싶어졌습니다. 살아갈 날들 동안 [나]라

브랜드가 되어간다는 것

는 사람을 조금이라도 더 탐험하고 탐색하고 싶은 생각이 들었습니다.

대상이 어떤 것이든 무언가에 대해 알지 못하면 이해할 수 없습니다. 이해할 수 없으면 존중하기 어렵고, 존중할 수 없으면 사랑할 수 없습니다. [나]에 대해서도 마찬가지입니다. 제대로 알지 못한다면 사랑하기 어렵습니다. 따라서 무언가를 제대로 알아가기 위해서는 끊임없이 질문해야 합니다. "나는 [나]라는 존재의 가능성에 대해 지나치게 협소한 정의를 내리지 않았을까?" 하는 의심의 눈초리로 말이죠. 저는 스스로에게 품고 있는 의문과 질문에 답하기 위해 매일 똑같이 반복되는 고된 훈련과 습관을 만들어가기로 했습니다.

Memento mori

삶의 마지막 순간, "나는 잘 나가는 기업의 〈CEO〉였고, 강남에 〈아파트〉가 있고, 주차장에는 〈포르쉐〉가 있다."는 사실을 떠올리며 행복하게 눈을 감는 사람은 없을 것입니다. 그보다 "나는 〈사랑〉하는 아이의 부모였고, 수많은 성공과 실패에도 〈감사〉했으며, 나의 삶에는 끊임없는 〈도전〉과 〈용기〉가 있었다."는 경험을 회상할 수 있는 삶이 더 낫지 않을까요?

저는 다양한 경험을 회상할 수 있는 행복한 생의 마지막 장면을 상상합니다. 그렇기 때문에 사람들에 대한 공감의 폭과 깊이를 확장하고, 낯선 세계를 향한 경계에 도전하는 삶과 일상을 꿈꿉니다.

브랜드의 본질은 무엇일까요?
진정성은 어디에서 시작되는 것일까요?

이른 아침, 핸드폰 알람 소리에 겨우 눈을 뜨고 일어납니다. 아직 잠이 덜 깬 상태로 몸은 본능적으로 욕실을 향합니다. 세수를 하고 머리를 감고 얼굴에 로션을 바르면서 거울에 비친 내 모습을 멍하니 바라봅니다.

나는 하루 한 번, [나]라는 브랜드를 만납니다.

세상에 존재하는 모든 브랜드는 [나]라는 브랜드의 삶과 일상을 통해 탄생하게 됩니다.

[나]라는 브랜드가 가진 경험에서,
[나]라는 브랜드가 흥미를 가지고 있는 주제에서,
[나]라는 브랜드가 추구하는 가치와 철학에서 발현되는 것입니다.

친절한 태도를 지닌 사람은 친절한 브랜드를 만듭니다. 정직한 성품을 갖춘 사람은 정직한 브랜드를 만듭니다. '누가 하느냐' 가 결국 '어떤 브랜드가 되느냐' 를 결정합니다. 오늘의 삶과 일상을 함부로 대하지 마세요. 피해 의식을 가진 사람은 피해자의 삶을, 주인의식을 가진 사람은 주인공의 삶을 살게 됩니다. 그리고 그 삶과 일상이 [나] 라는 브랜드의 운명이 될 것입니다. 각자가 추구하는 목적지가 어디든 함께 출발해 보았으면 합니다. 삶과 일상의 주인공으로 말입니다.

가끔 누군가의 도움이 필요할 때 거울 앞에 서세요.
거기에 모든 해답을 가진 한 사람이 서 있을 겁니다.

"여러분의 삶이 가장 가치 있는 브랜드입니다."

진정한 자신이 되는 길이야말로 타인에게 가장 유용한 사람이 되는 길입니다. 잠시 타인에게로 향하는 시선을 멈추고, 나를 마주하는 연습을 해보는 건 어떨까요?

거울에 비친 한 사람

Prologue   4

끊임없는
일상의
관찰

경험과 체험의 차이   14

투명한 밀실   24

질문으로 시작되는 사랑   36

오후 6시에 시작되는 하루   48

직장인, 그리고 직업인   58

기분과 열정 구별하기   74

타인의 욕망에 전염된 삶   84

자율성을 위한 조건   96

신뢰에 대한 오해와 편견   106

마음을 움직이는 기본   116

틀, 비틀기   126

결핍, 그리고 열등감   136

꾸밈없는 브랜드의 통찰

감정을 이끌어내는 무언가	150
무언가 아닌 누군가	160
리더를 닮아가는 브랜드	176
언어는 존재의 집이다	182
역사상 가장 성공한 브랜드	196
브랜드의 운명을 바꾸는 한줄	208
대중성의 모순	226
악보를 볼 줄 모르는 연주자들	234
가격할인이 성공하기 어려운 이유	244
팬은 떠나고 고객만 남은 브랜드	252
오늘을 살게 만드는 힘	264

Epilogue	274
Thanks to	280

끊임없는
일상의 관찰

때로는
일상에서 마주치는
사소한 우연, 낯선 경험들이
가치있는 의미와 차이를
생산하기도 합니다.

브랜드는
우리들의 삶과 일상을
닮아가는 것 같아요.

경험과
체험의 차이

"행동에 영향을 미치는 것은 이해가 아니라 경험이다."
- 데이비드 아커

"사장님, 아르바이트 필요 없으세요?"

1998년 여름, 게임 시나리오 작가가 꿈이었던 저는 소니의 플레이스테이션, 닌텐도 게임보이, 세가 세턴 등의 게임기와 소프트웨어를 판매하는 동네의 게임매장을 매일 찾아갔습니다. 그곳에서 일을 하면 다양한 게임들을 원 없이 즐기고 경험할 수 있겠다는 생각이 들었기 때문이었습니다. 그래서 매장에 갈 때마다 사장님에게 혹시 아르바이트 자리가 없는지 여쭤보는 것이 일상이 되었습니다.

사실 이 매장은 누가 봐도 직원이 필요 없는 곳이었습니다. 왜냐하면 일하는 사람을 채용할 만큼 손님이 많은 가게가 아니었으니까요.

하지만 저는 그 사실을 알면서도 매일 찾아가 아르바이트 자리가 없는지 물었습니다.

"사장님, 아르바이트 필요 없으세요?"
"오늘도 아르바이트는 필요 없는데……"

이렇게 며칠이 지난 어느 날, 매번 똑같은 대답을 하는 데 지쳤는지 가게 사장님은 한 가지 제안을 합니다.

"그래, 그럼 딱 한 달이야. 한 달 해보고 손님 없으면 그때는 나도 어쩔 수 없는 거다!"
"네, 고맙습니다. 열심히 하겠습니다!"

'이제 원하는 게임을 질리도록 할 수 있겠구나' 하는 들뜬 마음으로 첫 출근을 합니다. 가장 먼저 와서 매장 문을 열고 게임 소프트웨어가 진열되어 있는 쇼케이스와 바닥을 청소하고 나면 드디어 게임을 시작합니다. 게임을 하는 명분도 너무나 그럴듯합니다. 직접 게임을 다 해봐야 고객들에게 어떤 게임이 좋은지 추천도 하고, 혹시 게임을 진행하다 막히는 부분이 있다면 그것 역시 직접 알려줄 수 있기 때문입니다. 그런데 이렇게 며칠이 지나자 왠지 모르게 조금씩 눈치가 보이기 시작합니다.

'내가 게임을 하는 건 놀고 있는 게 아니야. 난 지금 당연히 해야 할 일을 하고 있는 거라고!' 속으로 아무리 이런 주문을 외우며 정신 승리를 하려고 해도 어딘가 마음 한편이 불편합니다. 정작 게임을 추천해주거나 알려줄 손님은 없는데, 저는 앉아서 게임만 하고 있었으니까요. 사장님과 나, 정적이 흐르는 공간에 이렇게 둘이 서로를 마주보며 앉아만 있자니, 민망하고 죄송한 마음에 괜히 바닥도 한 번 더 쓸고 신문지로 유리도 깨끗이 닦아봅니다. 그래도 시간은 어찌나 천천히 흐르는지 '한 두 시간 쯤 지났을까?' 싶어 시계를 보면 겨우 30분 정도밖에 지나지 않았습니다.

그저 이렇게 한 달이 지나버린다면 아르바이트를 시작할 때 했던 약속대로 일을 그만둬야 할 판입니다. 어떻게든 일을 계속하고 싶었던 저는 방법을 찾아야만 했습니다. 한참을 고민하다가 어렵게 사장님께 말을 걸어봅니다.

"사장님, 죄송한데요. 저, 월급 10만 원만 먼저 주시면 안 될까요?"

가뜩이나 손님도 없고 장사도 안 되는 마당에 돈 이야기를 먼저 꺼내는 제가 곱게 보일 리 없습니다. 사장님이 묻습니다.

"왜? 어디에다 쓰려고?"
"그냥…… 좀 쓸 데가 있어서요."

돈을 가지고 도망칠 아이는 아니라고 생각하셨는지, 그 자리에서 흔쾌히 10만 원을 꺼내어줍니다. 일을 마치자마자 매장의 홍보물을 만들기 위해 명함과 전단지를 제작하는 업체를 찾아갔습니다. 며칠 후에 주문한 명함과 전단지를 찾으러 갔습니다. 그 다음날 아침부터 는 근처의 중학교와 고등학교를 찾아가 또래의 학생들이 등교하는 시간에 맞춰 전단지를 나눠줬습니다.

"학교 끝나고 게임하러 오세요!"

사실 조금은 창피한 마음이 들기도 했지만, 아르바이트를 그만두 게 되는 것보다는 낫다는 생각에 부끄러움을 무릅쓰고 열심히 전단 지를 돌립니다. 전단지를 돌리고 돌아오는 길에 학생들이 자주 이용 하는 버스정류장에 가게 명함을 수십 장씩 촘촘하게 끼워두고 나서 야 출근을 해서 매장의 문을 엽니다. 여전히 손님이 거의 없는 이놈 의 게임가게에서 사장님과 서로 뻘쭘하고 민망한 시간을 한참 보내고 나면, 대충 학생들의 수업이 끝나는 시간. 다시 전단지를 돌리러 갑니다. 대체 이렇게 하는 게 효과가 있기는 한 건지 아닌 건지. 이걸 계속 해야 하나 고민하면서도 절실함이 앞섰던 저는, 지금 생각해도 전단지를 나눠주고, 버스정류장에 명함을 끼워두는 일을 참 열심히도 했던 것 같습니다.

며칠이 지났습니다. 조금씩 매장이 북적거리기 시작했습니다. 전단지와 명함을 받은 학생들이 하나둘씩 게임을 하기 위해 몰려든 것입니다. 저는 신이 났습니다. 무엇보다도 더 이상 사장님과 단 둘뿐인 공간에서 어색하게 두리번거리지 않아도 됐으니까요. 그런데 손님들이 제법 북적거리고 활기가 느껴지는 상황 속에서도 사장님은 썩 마음에 들어 하지 않는 눈치였습니다. 왜냐하면 학생들은 구입은 하지 않고 매장에서 게임만 하며 시끌벅적 자리만 차지하고 있는 손님이었기 때문입니다.

그런데 조금씩 변화가 생기기 시작합니다. 기존의 조용하고 적막한 매장 분위기에서는 선뜻 무언가 물어보기가 부담스러운 눈치였던 손님들이 시끌벅적한 분위기가 되자 편안하게 들어와서 이것저것 물어보기 시작하는 겁니다. 놀러온 친구들이 다른 친구들에게 소개해주며 게임기를 구매하는 경우도 생기고, 함께 게임을 하며 자리만 차지하고 있던 친구들이 부모님을 졸라 게임기를 구매하기도 했습니다. 결과는 좋았습니다. 얼마 후, 사장님은 이 매장의 운영을 저에게 맡기고 인근의 다른 지역에 두 번째 매장을 열게 되었습니다. 하지만 그 두 번째 매장은 그리 오래가지 못했습니다. 그 이유를 지금 돌이켜보면 경험과 체험의 차이로 설명할 수 있을 것 같습니다. 고객이 '경험'하는 것과 '체험'하는 것은 무엇을 의미하는 것일까요?

**체험은 고객에게 정보를 제공하지만,
경험은 사람들에게 정서를 불러일으킵니다.**

정보제공을 통한 이해는 사실과 정보의 전달에 기반을 두는 이성의 영역이지만, 공감은 정서적인 공유를 전제로 하는 감정의 영역입니다.

여기서 잠깐 여행에 대한 이야기로 넘어가볼까요? 우리는 누군가에게 여행을 이야기할 때, 체험이라는 표현 대신 경험이라는 단어로 설명합니다. 본능적으로 언어를 구별해서 사용하는 것이죠. 보통의 여행이 경험에 가까운 이유는 이것이 우리들에게 정보가 아닌 정서를 불러일으키기 때문입니다.

만약 여행이 단순히 우리의 지식의 폭을 넓혀주는 체험이라면, 아마 여행 산업은 이렇게까지 크게 성장하지 못했을 것입니다. 지식과 정보는 얼마든지 책이나 영상으로 대체할 수 있는 여지가 충분할 테니까요. 사람들은 누구나 여행을 꿈꾸며 살아갑니다. 여행을 거부하는 사람을 찾기가 힘들 정도입니다.

사람들이 여행에 매력을 느끼는 이유는 여행이 제공하는 낯선 풍경의 체험을 통해, 우리 안에 잠재되어 있는 다양한 감정들과 마주하는 경험을 제공하기 때문입니다. 여행에서 발견하게 되는 낯선 마주침은 새로운 나를 발견하고 확장시켜주는 지혜가 되기도 합니다. 하지만 만약 여행이 낯선 풍경을 체험하는 것에 그치는 경우, 우리는 그것을 여행이 아닌 관광이라고 이야기합니다. 마르셀 프루스트 Marcel Proust는 여행을 다음과 같이 정의합니다.

"진정한 여행은 새로운 풍경을 찾는 것이 아니라
새로운 시각을 갖는 것이다."

프루스트의 표현을 빌리자면 단순히 보고 싶은 것을 보는 것이 관광이라면, 이전에는 보지 못했던 것을 발견하게 되는 것은 여행입니다. 관광객은 새로운 풍경의 체험을 쌓는 사람들이고, 여행자는 새로운 시각을 통해 기존의 지식과 편견으로 쌓은 관념의 벽을 허물고 지평을 넓히며 자신을 확장시키는 사람들입니다. 무언가를 체험하는 것이 관광, 경험하는 것을 여행이라고 표현했습니다. 혹시 책을 읽고 계신 여러분의 외출은 여행과 관광 중 어느 쪽에 가까우신가요?

우리의 삶도 마찬가지입니다. 만약 주어진 삶이 단 한 번의 여행이라면, 관광객의 태도로 삶을 체험하는 사람들과 여행자의 태도로 삶을 경험하는 사람들로 나눌 수 있습니다. 물론 삶이 단순히 하나의 체험에 그쳐선 안 되겠죠. 우리에게 필요한 것은 다양한 사람들과의 관계를 통해 감정을 공유하고 끊임없이 새로운 시각을 발견하는 진정한 삶의 경험입니다.

잠시 여행을 빗대어 체험과 경험에 대한 이야기를 했습니다. 체험과 경험에는 분명한 차이가 존재합니다. 그럼에도 불구하고 많은 브랜드들이 관광상품에 가까운 단순한 체험을 제공하면서 이를 브랜드 경험이라고 착각하는 것은 안타까운 일입니다. 의미 있는 경험을 제공하는 브랜드는 새로운 관점과 해석을 제시합니다. 특정 브랜드에서 커피를 경험한다는 것은 단순히 맛의 체험을 넘어 해당 브랜드가 표방하는 공간과 문화에 대한 이해와 해석을 온몸으로 경험하는 것입니다. 반면에 그저 커피를 체험한다는 것은 집에 커피 원두만 있으면 가능한 일입니다. 경험은 유·무형의 지속적이고 일관성 있는 메시지를 통해 사람들과 특별한 정서와 감정을 통한 관계를 불러일으킵니다. 반면에 체험은 오히려 정보를 전달하는 광고에 가깝습니다.

그렇다면 고객경험을 일으키는 가장 중요한 요소는 무엇일까요? 바로 '관계'입니다. 다시 조금 전의 게임가게 이야기로 돌아가 보겠습니다. 새롭게 오픈했지만 그리 오래가지 못했던 두 번째 매장은 표면적으로는 첫 번째 매장과 같은 시스템으로 운영되었습니다. 하지만 두 매장 사이에는 큰 차이가 하나 있었습니다. 첫 번째 매장은 경험하는 곳이었지만, 두 번째 매장은 체험하는 곳이었다는 사실입니다.

첫 번째 매장은 점원인 저와 자유롭게 놀러오는 손님들이 서로 친분을 쌓아가며 필요한 정보를 공유하고 정서적인 교감을 통해 관계를 맺는 공간이었지만, 두 번째 매장은 거래를 창출해내기 위해 게임 체험이라는 미끼를 던지는 장소였습니다. 같은 칼이라도 일식집에서 요리사가 들고 있는 칼과 길거리에서 마주친 낯선 사람이 들고 있는 칼의 의미가 다르듯, 두 매장이 제공하는 서비스는 같았지만 그것이 나타내고 있는 의미와 맥락은 달랐습니다.

체험의 목적이 거래라면, 경험의 목적은 관계입니다. 거래는 사람과 상품을 연결하는 것이고, 관계는 사람과 사람이 연결되는 것입니다. 의미 있는 경험은 사람을 동반합니다. 여기에는 개인의 삶이 있고, 사람들의 이야기가 있습니다. 어느 것이 좀 더 의미 있는 연결인지, 또 어떤 쪽이 더욱 지속가능한 연결인지는 각자 판단할 문제입니다.

여러분의 브랜드는
무엇과 무엇,
누구와 누구를
연결하고 있습니까?

투명한
밀실

"겉과 속이 다른 사람들은 종종 갈등을 빚고, 자신의 가치를 잃는다. 이런 사람들은 행복해지기 어렵고, 최선의 결과도 얻기 힘들다. 말과 생각을 일치시키고, 생각과 감정을 일치시키는 것은 당신을 더 행복하고 더 성공적인 사람으로 만들 것이다. 어떻게 보이는가보다 무엇이 옳은 것인가에 대해서만 생각하면 당신은 가장 중요한 것에 집중할 수 있다."

– 레이 달리오

지방에서 강연을 마친 늦은 저녁, 무엇을 먹을지 메뉴를 고민하다가 결국 인터넷 검색창을 켭니다. SNS에서 이 지역의 맛집을 검색하고 사람들이 추천해준 장소로 재빨리 이동합니다. 한눈에 봐도 유독 손님들로 가득 찬 저 곳이 제가 찾고 있는 맛집인 게 분명해보입니다. 시끌벅적한 분위기의 어느 고깃집으로 들어갔습니다. 들어가자마자 울려 퍼지는 종업원들의 우렁찬 인사가 심상치 않습니다. 그런데 입구에서부터 한눈에 들어오는 이 가게의 철학이 인상적입니다.

"손님은 귀신이다. 음식을 가지고 장난치면 귀신같이 안다."

어김없이 직업병이 발동합니다. 어딜 가나 제일 먼저 눈에 들어오는 건 브랜드나 마케팅과 관련된 것들입니다. 그저 콘셉트겠거니 하고 대수롭지 않게 넘기고 주문을 합니다.

"여기 삼겹살 3인분이요!"

얼마 지나지 않아 주문한 삼겹살이 나오는데 뭔가 특이한 점이 있습니다. 삼겹살을 담은 접시 위에 웬 바코드 스티커 같은 것이 붙어 있었는데, 자세히 보니 가게 한쪽에 저울이 있었습니다. 제가 주문한 삼겹살 3인분의 무게를 그 자리에서 바로 저울에 달고, 측정된 무게가 표시된 라벨을 붙여서 손님상으로 갖다 주는 방식이었습니다.

이곳에 처음 들어왔을 때 눈에 띄었던 '손님은 귀신이다' 라는 철학을 고기의 중량을 투명하게 공개하는 시스템으로 실현하고 있는 매장이었던 것입니다. 이 외에도 불판의 온도를 수시로 체크하는 등 유난스럽게도 부지런히 움직였던 직원분들이 아직도 기억에 남습니다. 별다른 기대 없이 찾았던 장소에서 얻은 인상적인 경험이었습니다. 지금까지의 마케팅은 상품을 그럴듯하게 포장하고 고객들의 인식을 조종하는 일을 통해 성과를 내는 것이었습니다. 최근까지도 '마케팅은 무언가를, 또는 누군가를 속이는 기술이다.' 라는 말을 심심치 않게 들을 수 있을 정도로, 사람들의 마음속에는 마케팅에 대한 중요성 못지않게 불신도 크게 자리 잡고 있는 것이 사실입니다. 하지만 불행인지 다행인지 이제는 더 이상 마케팅으로 사람들을 속이는 일이 점점 어려워지고 있습니다.

판매자가 독점하고 있던 상품과 서비스에 대한 정보가 더 이상 그들만의 것이 아니라 누구에게나 공유되는 세상이 되었기 때문입니다. 심지어 일부 고객들은 판매자보다 더 많은 전문지식으로 무장하고 있습니다. 눈치가 빠른 기업들은 이미 이런 전문성을 갖춘 고객들을 상품제작 과정에 참여시키고 개선점을 함께 논의하는 등 공존하는 방향을 모색하고 있습니다.

그런데 전문성을 갖춘 고객들이 점점 늘어나고 있는 현실보다 더 중요한 사실은 이들의 전문성 그 자체가 아닙니다. 이들이 가지고 있는 전문성은 주변 사람들에게 영향력을 행사합니다. 예를 들어 컴퓨터를 잘 아는 사람의 지인들은 관련 브랜드를 선택할 때 먼저 전문성을 갖춘 이들에게 의견을 묻습니다. 다양한 화장품을 사용하고 경험한 사람의 주변에는 늘 화장품에 관한 질문을 하는 사람들로 넘쳐납니다. 심지어 이런 전문성을 갖춘 사람들은 물어보는 질문에 답하는 수준을 넘어, 직접 유튜브나 인스타그램, 블로그 등의 채널을 개설해 적극적으로 소통합니다.

맞습니다. 전문성을 갖춘 고객들은 그들이 가지고 있는 상품에 대한 풍부한 지식뿐만 아니라, 이를 바탕으로 많은 사람들에게 영향을 미치는 소위 인플루언서Influencer라는 점에서 주목할 만합니다. 이들의 이야기는 기업의 광고보다 강력한 영향력을 행사합니다. 전문성과 영향력을 가지고 있는 인플루언서들은 기업들이 속이기 어려운 대상입니다. 따라서 이들과 불편한 관계로 지내느니 차라리 솔직하게 소통하는 편이 낫습니다.

회사 내부에서도 사정은 마찬가지입니다. 요즘 인사팀에서 눈치를 보는 사람은 회사의 대표나 임원들이 아니라고 합니다. 인사팀뿐만 아니라 회사의 대표와 임원들조차 두려워하는 대상은 누굴까요? 바로 SNS 팔로워 수가 많은 회사 내 직원들이라고 합니다. 혹시라도 이들이 회사에서 겪은 부정적인 이야기들을 SNS에 올리기라도 한다면 그동안 쌓은 공든 탑이 무너지는 건 순식간이기 때문입니다. 물론 조금 과장된 이야기일 수도 있습니다. 하지만 그만큼 영향력 있는 일반인, 인플루언서의 시대에 접어든 것은 분명한 듯합니다.

2018년 5월, 한 침대 브랜드에 난리가 났습니다. 침대 매트리스에서 라돈이라는 성분이 검출되었기 때문이었습니다. 이 침대를 구매한 어느 고객이 공기질을 측정하기 위해 사용한 측정기가 방사선 물질인 라돈을 잡아낸 것입니다. 이 고객은 당장 해당 브랜드에 연락을 취해 매트리스에서 라돈이 검출된 사실을 알리고 경위를 물었습니다. 그러자 제조사의 담당자는 이렇게 이야기합니다.

"라돈이 뭔가요?"

사실 일반적인 사람의 경우, 라돈을 모르는 것이 당연합니다. 침대를 제작한 회사도 마찬가지입니다. 라돈의 유해성을 알면서도 일부러 첨가했을 리 없습니다. 아마 회사 측에서도 라돈이 뭔지 몰랐을 것이라고 생각하는 게 상식적으로 맞는 이야기일 텐데요. 이 경우만하더라도 제조사에서도 몰랐던 사실을 고객이 먼저 발견하고 해당사실을 알렸음에도 정작 제조사는 라돈이 무엇인지조차 파악하지 못했습니다. 정보의 비대칭성이 제조사에서 고객으로 역전된 사례입니다. 이후에 라돈이 이슈가 되며 다른 침대 브랜드와 여성용품 등에서도 동일한 유해성분이 검출되었고, 사회적으로 큰 파장이 일게 됩니다. 이 밖에도 가습기 살균제로 인해 영유아가 사망하거나 폐질환에 걸리고, 유아용품에서 검출되어서는 안 될 유해물질이 검출되기도 했습니다.

갑질이 새로운 사회적 이슈로 떠오르고 있습니다. 기업의 총수가 운전기사에게 폭언을 퍼붓고, 또 다른 회사의 대표는 직원들을 대상으로 폭언과 폭행을 일삼았습니다. 누군가는 회의실에서 물컵을 던지며 고성을 지릅니다. 여기서 한 가지 궁금증이 생깁니다. 과연 이전에는 이런 일들이 없었던 걸까요? 이상하게 요즘 들어 제조사들이 전에는 사용하지 않았던 유해물질을 넣기 시작하고, 과거에는 안 그랬던 사람이 갑자기 물컵을 던지고, 함께 일하는 사람들에게 폭언을 퍼붓는 것일까요?

아마 이 모든 일이 과거에 더 심했으면 심했지, 지금보다 덜하지는 않았을 것이라고 생각합니다. 단지 이전에는 이런 일들이 외부에 알려지지 않았을 뿐이고, 이제는 SNS 등을 통해 빠르게 알려지고 있다는 차이가 생겼을 겁니다. 이는 갑작스러운 변화입니다. 이때까지 밀실에서 은밀하게 진행되었던 일들이 이제는 일거수일투족이 훤히 들여다보이는 투명한 광장으로 이동하게 된 것입니다.

누군가를 속이고 진실을 은폐할 수 있다는 막연한 믿음의 시대가 지나가고 있습니다. 우리는 부끄러운 역사의 한 페이지가 된 최순실 국정농단 사태를 통해 누군가를 밀실에서 조종하고 속이는 일이 결코 지속가능하지 않은 낡은 생각이라는 교훈을 얻었습니다.

한두 명의 개인을 속일 수는 있을지 모르겠습니다. 하지만 다수의 고객, 그리고 이를 넘어 수천만의 국민을 속이는 일은 더 이상 불가능한 일이 되었습니다. 정보의 비대칭성이 사라지고 불특정 다수의 불특정 다수에 대한 커뮤니케이션이 일상이 된 투명성의 시대에 살고 있기 때문입니다. 정부기관, 검찰, 언론 등 동원할 수 있는 모든 것을 통제할 수 있었던 사람들도 진실만큼은 통제할 수 없었습니다.

만약 그들이 어느 누구라 할지라도 자신들이 서있는 무대가 투명한 광장이라는 사실을 인지하고 있었다면 절대로 그런 생각과 행동을 하지 못했을 것입니다. 그랬다면 최소한의 국민적인 정서와 상식에 부합하는 윤리적이고 도덕적인 영역을 지키려고 하지 않았을까요. 하지만 그들에겐 지금 서있는 곳이 철저한 밀실 안이라는 강력한 믿음이 있었기 때문에 그렇게 상식과 도덕의 영역 바깥쪽에서 행동할 수 있었던 것입니다.

사람들은 투명한 밀실에 앉아 있습니다.
이제는 모든 곳이 광장입니다.

　지금까지 우리가 거주해왔던 밀실은 단지 공간으로서의 개념에서만 유효합니다. 이제 그곳은 견고한 콘크리트가 아닌 투명한 유리벽으로 둘러싸여 속이 훤히 들여다보이는 곳으로 변모했습니다. 이제는 오히려 최소한의 개인 프라이버시를 위한 진정한 밀실의 필요성을 역설해야 할 정도입니다.

　이렇게 투명성이 시대의 화두가 되어가고 있는 사회에서는 겉과 속이 다르지 않은 사람들이 만들어가는 진정성 있는 브랜드가 사람들의 사랑을 받습니다. 진정성 있는 브랜드라는 것은 사실 특별하고 거창한 것이 아닙니다. 단지 가지고 있는 날것 그대로를 솔직하게 보여주는 것입니다. 브랜드가 품고 있는 본연의 생각을 분명하게 이야기하고, 약속한 이야기를 지키는 것입니다.

　투명성 확보는 우리가 선택할 수 있는 문제가 아닙니다. 투명성은 이미 시대가 선택하고, 시대가 우리에게 요청하는 필수적인 요구사항입니다. '투명성을 전제로 한 방향이 좀 더 바람직하다'는 정도로 이야기될 수 있는 전략적 의사결정의 문제가 아니라, 브랜드의 지속 가능성을 위한 필수적인 부분이라는 이야기입니다. 투명한 브랜드는 확실하고 분명한 입장을 표명합니다. 하지만 철학과 원칙을 상황에 따라 애매하게 적용하고, 시시때때로 이익에 따라 의사결정의 기준이 흔들리는 브랜드는 정확히 투명한 브랜드의 정반대에 서 있는 부류입니다.

에버레인^{Everlane}이라는 미국의 패션 브랜드가 있습니다. 이 회사의 창업자인 마이클 프레이스만$^{Michael Preysman}$은 50달러에 판매되는 티셔츠의 원가가 7.5달러에 불과하다는 사실을 알게 됩니다. 그는 기존의 패션 브랜드들이 지나치게 많은 이익을 가져가고 있다고 생각하고, 이 문제를 해결하기 위해 다니던 회사를 그만두고 생산과정과 유통에서 판매까지의 과정을 고객에게 투명하게 공개하는 패션브랜드를 만듭니다.

에버레인에서는 판매하는 옷의 원가와 재료비, 공임, 운임 세금 등의 상세한 항목을 공개하는 것은 기본입니다. 심지어 상세페이지에서는 지금 보고 있는 상품이 생산되는 공장의 이름과 위치 등의 정보를 자세하게 제공하고 있습니다. 고객이 구매하려는 옷의 가격뿐만 아니라, 제조과정까지 공개함으로써 고객은 자신이 입고 있는 옷의 의미를 더 선명하게 알게 되는 것입니다. 에버레인은 크게 성공했습니다. 그들의 성공요인은 가격이 아니라 투명성에 있습니다. 단지 제조원가를 공개했기 때문에 성공한 것이 아니라, 그들이 가지고 있는 철학과 진정성이 투명성을 바탕으로 전달 되었기에 가능했던 일입니다.

에버레인보다 낮은 가격의 브랜드는 주변에서 얼마든지 찾아볼 수 있습니다. 하지만 낮은 가격이 그보다 높은 가격의 투명성을 확보한 기업을 쉽게 이기지 못하는 이유는 바로 진정성에 있습니다. 에버레인의 진정성은 가격과 과정을 왜 투명하게 공개해야만 하는지에 대한 창업자의 문제의식에서 비롯됩니다. 어느 누군가 이를 똑같이 벤치마킹해 단순히 원가를 공개한다고 해서 생겨나는 것이 아닙니다.

투명성은 진정성의 확성기입니다.
진정성을 가진 철학에서 시작된 메시지는
투명성이라는 바이러스를 통해 사람들의
마음속에 침투합니다.

하지만 반대급부에 위치한 브랜드에게 투명성은 리스크의 다른 말이라는 것 외에는 그 어떤 유익한 의미도 없습니다. 투명성이라는 확성기는 이야기하려는 사람이 전달하고자 하는 분명한 메시지를 필요로 합니다. 그리고 그 메시지가 진정성을 담고 있는 경우에만 올바르게 작동하는 거짓말 탐지기이기도 합니다.

투명성이 위험으로 작용하는 브랜드와 투명성이 기회로 작동하는 브랜드가 점점 선명하게 구분되고 또 구별될 것입니다. 더 많은 사람과 브랜드들이 투명성의 시대를 기회로 맞이할 수 있었으면 좋겠습니다.

질문으로
시작되는 사랑

"당신이 품고 있는 의문의 수준이 당신의 삶의 수준을 결정한다.
의문은 수준을 결정하고 질문은 삶 자체를 바꾼다."

　– 팀 페리스

브랜드에는 철학이 중요하다고 합니다. 브랜드는 선명하고 분명한
메시지를 가지고 있어야 한다고 합니다. 왜 그럴까요? 특히 이런 류
의 책을 쓰는 사람들이나 어느 정도 성공한 브랜드에 속한 사람들은
하나같이 브랜드의 철학을 강조합니다. 제조한 상품이나 제공하는
서비스를 잘 팔면 그만이지 대체 왜 이런 형이상학적인 이야기, 뜬구
름 잡는 소리를 하는 것일까요?

브랜드 철학이라고 하면 굉장히 거창해보입니다. 철학을 일상의
언어로 표현하면 '생각' 입니다. 하지만 모든 생각을 철학이라고 표현
하지는 않습니다. 생각은 누구나 하지만 철학은 아무나 가지고 있는

것은 아닙니다. 철학적인 생각을 아무나 하지 않는 이유는 그것이 어려워서가 아니라, 호기심의 영역에 있기 때문입니다. 그래서 철학은 항상 질문을 던지는 행위로 시작됩니다. 하지만 시간이 갈수록 우리의 삶 속에서 질문이 사라지고, 철학이 사장되어가고 있는 것 같습니다.

우리의 생활에서 질문이 사라졌다는 것은 삶 속에서 철학이 사라져가고 있다는 것을 의미합니다. 그만큼 우리들의 삶이 작은 질문을 던질 틈조차 허용하지 못할 정도로 촘촘히 짜인 틀 속에서 살아가고 있다는 방증이겠죠? 우리가 잃어버린, 혹은 잠시 잊고 있는 질문에는 어떤 것들이 있을까요? 잠시 시간을 내어 함께 생각해보는 것은 어떨까요?

우리는 왜 살아야 하는가? 삶의 의미는 무엇인가? 존재란 무엇인가? 우리는 왜 사랑을 하는가? 죽음이란 무엇인가? 이 일을 왜 해야 하는 것인가? 사람들은 왜 구매하는가?

이런 질문이 과연 어떤 쓸모가 있을까요? 사실 당장 특별한 쓸모를 찾기는 어려울 것 같습니다. 저런 질문을 한다고 해서 오늘내일 돈을 더 벌 수 있는 것도 아닙니다. 그렇기 때문에 한가롭든 치열하든 질문을 던지고 그에 맞는 답을 찾아 즐기는 공상은 사치스럽게 느껴질 법도 합니다.

질문이 질문으로 그치면 그야말로 공상이나 망상에 그치게 됩니다. 질문은 그 질문에 대한 대답을 이끌어내고, 그 대답이 행동으로 이어지고, 그 행동이 다른 누군가에게 영향을 미쳐서 결국 그 영향이 가치를 창출해낼 때 쓸모 있게 되는 것입니다. 질문 자체는 공상일 수 있지만, 질문으로부터 시작되는 가치는 현실을 바꾸기도 합니다. 쓸모없는 질문에서 세상이 필요로 하는 가치가 탄생하는 것이죠.

하늘을 날 수 있는 방법에 대한 질문을 던진 사람이 하늘을 날았습니다. '왜 지치지 않는 말은 없을까' 라는 질문을 던진 사람이 자동차를 만들었습니다. '꺼지지 않는 촛불은 없을까' 라는 질문을 한 사람은 전구를, 길을 걸으면서도 음악을 들을 수 있는 방법을 고민한 사람은 워크맨을 만들었습니다. 왜 핸드폰과 mp3플레이어를 따로 들고 다녀야 하는지, PC를 항상 휴대하고 다닐 수 없는지에 대한 의문을 품은 사람이 스마트폰을 만들었습니다. 이탈리아 밀라노에서 경험한 노천카페를 시애틀에서 즐길 수 있는 방법을 질문한 사람은 지금 세계최고의 커피 브랜드를 만들었습니다. 이렇게 하다보면 질문에서 시작된 세상의 가치들을 하루 종일 이야기할 수도 있을 것 같습니다. 우리에게는 항상 마음속에 질문을 품고 있는 사람, 질문에 의문을 던지는 사람이 필요합니다.

답은 반드시 질문을 던지는 사람만이 찾아낼 수 있습니다. 질문을 던지지 않는 사람에게는 답은커녕 도전의 기회조차 주어지지 않습니다. 먼저 질문을 던지지 않는 사람은 다른 누군가 이미 던진 질문의 세상에서 살아가게 됩니다. 새로운 세상의 모든 가치와 혁신의 출발은 바로 질문을 던지는 것입니다.

새로운 브랜드가 필요한 이유는
세상을 바꿀 새로운 질문이
필요하기 때문입니다.

새로운 브랜드는 새로운 질문을 던지는 것을 시작으로 탄생합니다. 브랜드가 던지는 첫 번째 질문은 곧 그 브랜드의 철학입니다. 그리고 첫 질문이 무엇이냐에 따라 이어지는 질문과 답은 완전히 달라집니다. 예를 들어 노트북을 만드는 브랜드를 생각해볼까요?

노트북은 왜 데스크톱보다 느릴까? 노트북은 왜 꼭 충전을 해야 할까? 왜 노트북은 노트보다 무거울까? 왜 노트북을 오래 사용하면 눈이 아프고 어깨가 아플까? 노트북은 왜 비쌀까? 어떤 질문을 하느냐에 따라 이어지는 질문과 방향은 달라집니다. 질문을 조금 더 명확하게 정의하면 그것은 고객문제입니다. 고객이 겪고 있는 문제 또는 고객이 겪고 있지만 느끼지 못하는 문제가 바로 그것입니다.

"철학이란 철학자들이 남긴 내용을 숙지하는 것이 아니라 자기가 자기 삶의 격을 철학적 시선의 높이에서 결정하고 행위하는 것, 그 실천적 영역을 의미합니다. 문제를 철학적으로 해결하는 것이 철학이지, 철학적으로 해결된 문제의 결과들을 답습하는 것이 철학이 아니라는 말입니다."

최진석 교수의 이야기입니다. 브랜드 철학도 마찬가지입니다. 결국 브랜드의 철학은 우리 브랜드가 해결하고자 하는 고객문제, 사회문제, 나아가 인간의 문제를 무엇으로 정의하고 어떻게 해결하느냐에 대한 방향을 제시해주는 강력한 단서입니다.

따라서 브랜드의 철학이 부재하면, 그 브랜드가 무엇을 위해 누구를 위해 존재하는 브랜드인지를 쉽게 정의하지 못하게 됩니다. 브랜드의 철학이 애매하면, 해당 브랜드가 평소에 무슨 문제를 어떤 방식으로 왜 해결하고 싶은지에 대한 질문을 충분히 고심하지 않았음이

탄로나고 맙니다. 질문은 현실을 바꾸는 힘을 가지고 있습니다. 우리는 그 힘을 바로 브랜드 철학이라고 이야기합니다. 철학이 없다면, 질문이 없다면 브랜드는 존재할 이유가 없습니다. 따라서 브랜드는 철학이 전부입니다. 우리가 흔히 이야기하는 브랜딩은 우리가 했던 질문과 그 질문에 대한 답을 내보이는 행위입니다.

상품과 서비스, 디자인, 유통, 가격, 프로모션, 프로세스, 물리적 증거, 함께하는 사람들, 이 모든 브랜드 마케팅의 목적과 수단은 결국 철학의 증거로써 활용되어야 합니다. 그럼에도 불구하고 현업에서는 브랜드가 매우 얕은 수준에서 다루어지고 있습니다. 특히 브랜딩이 질문에서 시작되는 본질적이고 가치지향적인 전략임에도, 이러한 과정 없이 그저 쉽게 눈에 보이는 BI나 명함, 디자인 패키지를 보기 좋게 꾸미는 얄팍한 수준을 브랜딩이라고 통용하는 현실은 한숨이 나올 지경입니다.

브랜드가 되어가는 과정에는 현실을 변화시키는 질문, 철학을 이끌어내는 의문이 필요합니다. 그리고 브랜드에 참여하는 사람들이 이러한 질문과 의문을 공유하고 함께 생각의 결을 맞추는 과정이 중요합니다.

이제서야 하고 싶은 이야기를 이어갈 수 있을 것 같습니다.

우리가 마음속에 생각하고 있는 브랜드 • 마케팅은 무엇인가요? 아마 고객에게 우리의 상품과 서비스를 알리고 나아가 긍정적인 경험을 통해 브랜드에 대한 충성심을 확보하는 등의 활동을 떠올릴 것입니다. 맞습니다. 연상되는 것들이 브랜드, 그리고 마케팅 활동입니다. 하지만 여기에 우리가 간과하기 쉬운 부분이 한 가지 있습니다.

브랜드가 되어가는 것, 그 일은 결코 혼자만의 힘으로 가능한 일이 아닙니다. 함께하는 사람들과 같이 질문하고 답을 모색하는 과정없이 세상을 바꾸는 위대한 브랜드가 될 리 만무합니다. 어떤 누구도 누군가와 함께하지 않고는 의미를 찾거나 만들어갈 수 없습니다. 브랜드 • 마케팅에서 가장 중요한 것은 함께하는 사람입니다. 브랜드가 되어간다는 것은 함께하는 사람들의 삶이 브랜드의 일부가 되어가는 것입니다. 누군가는 브랜드를 만들 수 있다고 생각하지만, 브랜드는 끊임없이 구성원들의 삶의 모습을 닮아가는 과정 속에 놓여있습니다. 좋은 브랜드는 구성원들의 삶과 브랜드의 철학이 동일한 맥락에서 움직이는 것입니다.

사람들은 사람들이 존경하는 사람을 존경합니다. 사람들은 사람들이 좋아하는 브랜드를 좋아합니다. 사람들은 사람들이 사랑하는 것들을 사랑합니다. 그렇다면 누군가 먼저 존경하기 시작해야 합니다. 누군가 먼저 좋아하고 또 사랑하기 시작해야 합니다. 사람들에게 사랑받는 브랜드가 되어가려면, 누군가 먼저 그 브랜드를 사랑해야 합니다. 그렇다면 제일 먼저 브랜드를 사랑해줄 사람을 어디서 찾아야 할까요? 브랜드의 첫 번째 고객은 누구입니까? 고민할 필요도 없습니다. 우리의 브랜드를 가장 먼저 사랑해야 할 사람은 외부의 고객이 아닌 바로 내부에서 브랜드의 일부로 존재하고 있는 구성원인 우리, 그리고 [나] 입니다.

[나]와 내부 구성원들이 가장 먼저 사랑할 수 있는 브랜드, 아마 그 첫걸음은 질문을 공유하는 것이 아닐까 싶습니다. 앞서 이야기한 것처럼 구성원들이 삶과 브랜드의 철학이 동일한 맥락에서 움직이는 것이죠. 브랜드가 던지는 질문에 공감하고 브랜드가 던지는 문제의식에 구성원 스스로가 동의할 수 없다면 진정한 사랑은 이루어지지 않습니다. 사랑은 결코 월급으로 살 수 있는 것이 아닙니다. 무작정 돈으로 사랑을 강요한다면 사랑은커녕 반감과 미움만 커집니다.

사랑을 위해서는 함께하는 동료들의 설득이 우선입니다. 이를 위해 현재 기업내부의 HR, HRD, 또는 인사팀이라고 불리는 구성원들에 대한 역할과 책임의 변화를 고려해볼 만합니다. 지금까지 이들은 조직을 설계하고 회사의 인적자산을 평가하고 관리하는 업무를 맡아왔습니다. 하지만 이 부서들이 하는 일의 본질은 무엇입니까? 바로 성장입니다. 구성원들의 성장, 그들의 성장을 통한 회사의 성장. 그렇다면 구성원이 성장하기 위해 가장 중요한 항목은 무엇이 있을까요? 그것은 바로 일의 의미입니다. 일의 의미가 삶의 의미와 연결이 되었을 때 우리가 하는 일과 삶은 브랜드가 되어갑니다.

브랜드•마케팅 활동은 크게 두 가지로 나눌 수 있습니다. 내부 브랜딩과 마케팅, 그리고 외부 브랜딩과 마케팅입니다. 우선순위가 내부 브랜딩임은 두말할 것도 없습니다. 기업의 인사팀이 개인과 회사의 성장을 돕는 일을 하는 부서라고 한다면 이 말은 곧 일, 삶, 브랜드 간의 의미를 연결해주는 역할과 책임을 맡고 있는 사람들이라는 뜻입니다. 조직 내의 누구도 이 사실을 모르고 있지만 사실 이들은 내부 브랜딩을 맡고 있습니다. 리더가 품고 있는 질문과 철학을 조직 내에 공유하고 고민하는 문화를 만들어감으로써 세상을 바꾸는 일을 하고 있는 것이죠.

이들이 진정 해야 할 일은 브랜드•마케팅에 가깝습니다. 그럼에도 불구하고 조직 내의 인사팀은 정작 자신들의 역할과 책임을 지나치게 협소하게 규정하고 있습니다. 이들을 인사팀이 아닌 브랜드 전략팀의 인터널 브랜딩 부서로 정의하여, 더 본질적이고 가치 있는 일을 할 수 있는 환경이 조성될 필요가 있습니다. 현업의 브랜드•마케팅팀의 전략 방향과 초점은 철저히 외부의 고객에게 맞추어져 있습니다. 또 그럴 수밖에 없는 현실입니다. 그런데 정작 이보다 더 중요한 내부 마케팅과 브랜딩에 대한 관심과 투자는 전무하다시피 합니다.

물론 작은 조직은 리더가 직접 진두지휘하며 브랜드의 철학과 질문을 끊임없이 던지고 고민하고 공유할 수 있지만, 회사의 규모가 커지기 시작하면 혼자만의 힘으로는 금세 한계에 부딪히게 됩니다.

브랜드가 진정성을 확보하려면 무엇보다 브랜드가 던지는 질문과 철학이 내부에 충분히 공유되어야 합니다. 리더의 말과 생각이 함께하는 구성원들에게 낯선 이야기로 들려선 안 됩니다. 리더의 생각이 뚜렷하고 분명하다면 함께하는 이들은 리더의 의사결정을 예측할 수 있게 됩니다. 리더의 생각이 브랜드의 철학이 되었을 때, 구성원들이 스스로의 일에 대한 방향을 정하고 방법을 고민할 수 있는 기준이 마련됩니다.

누군가 말해주지 않아도 리더의 의사결정을 예측할 수 있다는 것은 그렇지 않은 리더가 이끄는 브랜드에 비해 엄청난 성장속도의 차이를 발생시킵니다. 그리고 속도의 차이는 결과의 차이로 이어지게 됩니다. 내부뿐만이 아닙니다. 외부의 고객 역시 마찬가지입니다. 브랜드가 뚜렷한 철학을 가지고 있다면 이해 관계자들의 모든 의사결정이 쉬워지고 빨라집니다. 요즘같이 애매하고 모호한 브랜드가 넘쳐나는 세상에서 단순함과 명료함은 브랜드를 식별하고 판단하는 고객들의 고민과 시간의 비용을 낮춰, 브랜드의 가치를 높이는 역할을 하게 됩니다.

바로 앞 장에서 투명성에 대한 이야기를 함께했죠? 브랜드가 외부에서 표현하는 가치와 내부에서 공유되는 가치가 다르다면, 그만큼 고객에서 멀어지게 됩니다. 고객과 가까이하고 싶다면 바로 곁에 있는 동료들과 끊임없이 세상을 향한 질문을 주고받아야 합니다. 오늘 주고받는 대화가 지금 몸담고 있는 브랜드의 정체성과 철학을 대변합니다.

혹시 삶의 모습과 일의 태도가 다를 수 있다고 생각하시나요? 스스로의 삶은 사사로운 이익을 추구하면서도 자신의 일에서는 공공의 헌신과 봉사를 표방하는 것이 가능하다고 믿고 계신가요? 언제나 시작은 안에서부터 이루어집니다. 잔에 물이 넘치면 밖으로 흘러내리듯이, 브랜드 역시 안에서 넘치면 바깥으로 흘러나갑니다. 개인으로서의 삶이 결국 브랜드입니다. 그 브랜드들이 모여서 또 다른 하나의 브랜드가 되어가는 것입니다. 그렇기 때문에 브랜드가 되어가는 것은 삶의 영역과 일의 영역으로 구분할 수 없습니다. 개인이 일상에서 던지는 질문과 의문, 작은 습관과 태도까지 결국 브랜드를 구성하는 하나의 단위가 될 테니까요.

이 세상에 새로운 브랜드가 끊임없이 태어나야 하는 이유는 무엇인가요? 그것은 바로 아직 세상에 던져지지 않은 다채로운 질문들이 존재하기 때문입니다. 질문이 모여 문화를 이룰 수 있는, 그런 브랜드적 삶을 가진 사람들로 구성된 브랜드가 세상을 바꿉니다.

지금 여러분의 브랜드는
세상을 향해 어떤 질문을
던지고 계신가요?

오후 6시에
시작되는 하루

"참 희한한 세상이다. 겉보기에는 개인주의가 점차 팽배하는 사회
건만, 자신의 꿈을 실현하는 사람은 점점 줄어들고 있으니 말이다.
그리고 많은 사람들이 풍요가 남긴 부스러기 따위를 요구하는 것에
순순히 만족하고 있다. 그러다가 오락이나 수집 목공예 같은 활동을
하는 것만으로도 풍요의 부스러기로 연명하던 상황에서 벗어났다고
생각한다."

– 자크 아탈리

'몇 달만 아무 생각 없이 좀 쉬고 싶다.'

회사를 그만두고 또 새로운 스타트업을 하겠다고 나섰습니다. 정
확히 이야기하면 스타트업을 하기 위해 회사를 그만두었죠. 모든 일,
특히 새로운 비즈니스가 늘 그렇듯 생각처럼 일이 진행되지 않았습
니다. 정확히는 계획과 생각대로 되는 것이 아무것도 없다고 표현하
는 편이 더 나을 것 같습니다. 나름 철저하게 준비하고 시작했는데,
시작도 못해보고 일은 또다시 꺾이고 말았습니다.

'역시 세상일이란 건 생각대로 이루어지는 일보다 그렇지 않은 일이 대부분이구나……'

나름 노력한다고 해도 여전히 많이 부족한가봅니다. '노력의 기준'이라는 게 다른 누군가는 더 높은 거겠지' 라는 생각으로 스스로를 위안하며 세상일이 만만치가 않음을 느낍니다. 게다가 내가 통제할 수 없는 외부의 변수까지 작용하니 노력도 보통의 노력으로는 운조차 쉽게 따라줄 것 같지 않습니다. 생각한 결과를 만들기 위해서는, 원하는 방식으로 삶을 살아가기 위해서는, 지금보다 생각의 질량과 실행의 빈도를 극적으로 높여야 한다는 것을 다시 한 번 느끼게 됩니다.

33살. 저는 본의 아니게 백수가 되었습니다.

사람들이 구매하고 선호하는 브랜드를 기준으로 세상을 연결하고, 나와 비슷한 선호와 구매패턴을 가지고 있는 사람들의 데이터를 통해 자신도 모르고 있는 나의 진짜 취향에 대한 정보를 제공하고, 브랜드를 추천해주는 서비스. 사람들의 브랜드 선호를 기반으로 좀 더 유의미한 연결을 만들고자 했던 꿈은 물거품이 되었습니다.

이제 더 이상 어디로 가서 무슨 일을 해야 할지 감이 오질 않습니다. 차라리 잘됐다는 생각도 들었습니다. 이제 드디어 아무 생각 없이 쉴 수 있는 기회가 찾아온 것입니다. 평소에 좋아하는 자전거도 열심히 타고, 취미생활을 위한 핑계로 장비를 바꾸고 동호회 활동을 시작합니다. 평일에는 시간이 남아도는 관계로 카페에 가서 하루에 두세 권씩, 예전보다 책도 더 많이 읽어봅니다.

'아, 몇 달만 아무 생각 없이 좀 쉬고 싶다.'

드디어 제가 평소에 입버릇처럼 이야기하던, 제 삶의 버킷리스트 이자 또 하나의 꿈이 실현되었습니다. 그런데 생각하지 못했던 문제 가 하나 있었습니다. 저는 몇 달 정도 쉬고 다시 일을 할 수 있는 예측 가능한 휴식을 하고 싶었던 것이지, 이렇게 아무런 기약도 없이 자칫 잘못하면 평생 쉬어야 할 수도 있는 불안한 휴식을 원했던 것은 아니 었습니다. 한 달 정도가 지나자 하루하루가 지날수록 불안한 마음만 커져가면서 우울해지기 시작했습니다.

비단 경제적인 문제뿐만 아니라, 나는 누구이며 대체 왜 살아가고 있는지, 또 삶의 의미는 무엇인지, 존재 자체에 대한 회의와 고민까 지 이르게 됩니다. 몇 달만 아무 생각 없이 좀 쉬고 싶다던 소망이, 이 제는 몇 달이라도 일하고 싶다는 절실한 마음으로 바뀌기 시작했습니다.

워크라이프 밸런스^{Work-life Balance}, 일명 워라밸.

그 당시에는 이런 용어가 일반적으로 잘 쓰이지 않았지만, 저에게
필요한 건 워라밸이었습니다. 다만 우리가 일반적으로 생각하는 워
라밸과는 다른 측면이었습니다. 저에게 필요한건 라이프^{Life}가 아니
라 워크^{Work}였으니까요. 보통은 일이 있고, 여기에 개인으로서의 삶
이 더 필요하다는 의미로 워라밸을 이야기하지만, 저는 100퍼센트
개인의 삶으로 채워진 일상에서 일이 단 10퍼센트만이라도 차지하는
워라밸이 되었으면 하고 바랐습니다.

모든 사람들은 일을 하면서 살아갑니다. 이 사실은 마치 공기로 호
흡하는 것처럼 대부분의 사람들에게 너무나도 당연한 일상으로 자리
잡고 있습니다. 하지만 그 누구도 우리가 계획하고 원하는 수많은 삶
의 목록에서 일이라는 항목을 제외한 나머지만으로 삶을 완성할 수
는 없습니다. 일 하나만으로 삶을 채울 수 없듯, 삶이라는 공간을 오
직 개인의 삶으로만 채울 수는 없습니다. 사람에게는 혼자만의 시간
만큼, 함께하는 시간과 공간이 필요합니다.

**우리에게 필요한 건 일과 삶의 공존 속에
존재하는 여백이지, 이 두 가지 항목이 각자
독립적으로 존재한 채 남은 공백의 상태가
아닙니다.**

우리에겐 우리의 이야기를 들어줄 누군가가 필요합니다. 우리에게
는 얼굴을 마주할 사람이 필요합니다. 사람의 따뜻한 체온이 필요합
니다. 사람과 사람을 연결해줄 공간이 필요합니다. 함께하는 즐거움
과 배우고 성장할 수 있는 시간이 필요합니다. 그리고 이런 모든 것
들이 한데 어우러져 서로가 서로에게 의존하고 공존하며 의미를 찾
아줄 수 있는 일이 필요합니다. 지금까지 워라밸을 이야기했습니다.
하지만 저는 일반적인 의미로 쓰이고 있는 일과 삶의 분리라는 워라
밸에 반대합니다.

**워크라이프 밸런스는 일과 삶을 둘로
분리하는 것이 아니라 통합하는 것입니다.
일과 삶을 분리하는 것만큼 불행해지는
방법은 없습니다.**

하루 대부분의 시간을 보내고 있는 직장에서의 시간은 오직 일이
고, 그 나머지 시간만을 삶으로 정의하며 이를 분리한 삶이 과연 얼

마나 의미 있고 행복할 수 있을까요? 우리의 삶에서 압도적으로 많은 시간을 보내고 있는 직장과 일에서 재미와 의미를 찾을 수 없다면, 일하고 남은 자투리 시간의 밀도가 우리의 행복을 규정하는 단위라면, 대체 우리에게 삶과 행복이란 얼마나 한없이 초라해질 수 있는 잉여가치에 불과한 것일까요. 에리히 프롬은 자신의 저서인 〈소유냐 존재냐〉에서 다음과 같이 일침을 놓습니다.

"대부분의 젊은이들은 〈~로 부터의 자유〉를 구가하기는 했지만 〈~를 향한 자유〉로의 도약을 이루어내지는 못했다. 제한과 의존에서 자유로워지려는 소망 말고는 자기들이 향해야 할 아무런 목표도 추구하지 않은 채, 오로지 반항만 한 것이다."

하루는 24시간입니다. 12시간이 아닙니다. 당연히 12시간짜리 절반의 삶을 사는 사람들에겐 늘 시간과 여유가 부족한 결핍의 상태에 놓여있게 됩니다. 이런 결핍을 해소하기 위해 워라밸, 탕진잼, 소확행이라는 이름의 마취를 놓기도 하죠. 말이 좋아 워라밸, 탕진잼, 소확행이지 사실상 도전과 희망을 포기하는 것과 다를 바 없는 언어유희에 가깝습니다.

우리는 일에서 다 쓰고 남은 잉여의 몫을 누리기 위해 삶을 살고 있는 것이 아닙니다. 일은 본질적으로 삶을 소모하기 위한 것이 아니라, 우리의 일상을 풍요롭게 하기 위한 것입니다. 그리고 반드시 그렇게 되어야만 합니다. 더 풍요롭고 가치 있는 삶을 살 수 있도록 의미를 발견하게 해주는 첨병인 것이죠.

지금 여러분에게 일이란 무엇인가요?

일이란 '내가 누구인지 알아가는 과정'입니다. 일은 자신이 미처 발견하지 못한 새로운 나의 모습을 발견할 수 있도록 돕는 기회를 제공합니다. 당신은 모르고 있습니다. 당신이 누구인지, 어떤 사람인지, 얼마만큼의 가능성을 품고 있는 사람인지 하나도 모르고 있습니다. 당신은 스스로가 생각하는 것보다 더 위대한 사람입니다. 단지 아직 모르고 있는 것일 뿐입니다.

스티브 잡스가, 빌 게이츠가, 마윈이 얼마나 대단한 사람이냐구요? 이들은 평범한 사람들과는 다른 특별한 사람들이라구요? 반대로 질문해보겠습니다. 지금 우리가 그런 위대함과 거리가 먼 평범한 사람이라는 것을 어떻게 함부로 단정할 수 있죠? 우리가 그들보다 더 나은 존재가 아니라는 것에 대해 그 누구도 증거를 제시할 수 없습니다. 따라서 우리들은 위대한 업적과 성과에 대한 충분한 가능성을 가지고 있는 존재입니다. 누구나 스티브 잡스, 빌 게이츠보다 더 뛰어난 성과와 업적을 이룰 수 있는 가능성을 가지고 있습니다. 일은 바로 우리들의 이런 가능성을 모색하는 수단이 되어야 합니다.

어느 누구도 자기 자신이 누구인지 온전히 알고 있는 사람은 없습니다. 그렇기 때문에 절대로 섣불리 자신의 한계를 단정해선 안 됩니다. 일이라는 수단은 스스로의 가능성을 탐색할 수 있는 거의 유일한 단서이자 훈련방법입니다. 동시에 나와 가족, 그리고 이웃과 사회를 위한 가치 있는 결과를 창조하는 도구입니다. 누군가 의미 있는 일을 함으로써 우리의 삶이 나아지고 개선되며 사회는 좀 더 풍요롭게 공존할 수 있는 환경을 모색하게 됩니다.

일의 의미를 단순히 워크Work라는 한 조각의 파편으로 이해하기보다는 라이프Life라는 삶의 관점에서 조금은 더 폭넓게 관조할 수 있는 우리가 되었으면 합니다. 그리고 일과 삶이 통합된 일상 속에서 더 많은 감정을 느끼고 경험할 수 있는 계기로 활용할 수 있었으면 합니다. 그렇게 되면 10년, 20년 후의 우리는 다채로운 감정을 이해하고 따뜻한 조언을 건넬 수 있는 성숙한 어른으로 성장할 수 있지 않을까요.

지금 하고 있는 일을 사소한 일이라고 쉽게 단정 짓지 마세요. 제가 아는 한 세상의 그 어떤 일도 사소하지 않습니다. 지금 이 순간에도 당신이 그 일을 잘 해내주고 있기 때문에 다른 누군가의 일이 완성되고 있습니다. 만약 당신이라는 이름의 한 사람이 없었다면, 우리는 지금껏 아무것도 이루어내지 못했을 겁니다.

사행습인운思行習人運이라고 합니다.

생각을 바꾸면, 행동이 바뀌고,
행동을 바꾸면, 습관이 바뀌고,
습관을 바꾸면, 인격이 바뀌고,
인격을 바꾸면, 운명이 바뀐다.

생각을 바꾸면 많은 것들이 달라질 수 있습니다. 다르게 마음먹은 그 생각 하나에 내가 바뀌고 가족과 이웃에 선한 영향을 끼치고, 우리 사회가 바뀌고, 인류의 역사가 바뀔 수 있습니다. 한 개인은 그 누구도 결코 가볍지 않습니다. 그렇게 수많은 가능성과 책임을 가지고 있는 위대한 누군가의 삶이 오후 6시가 되어서야 시작된다면 이보다 더 큰 개인적 비극, 이보다 더 큰 사회적 불행이 어디 있겠습니까?

브랜드가 되어간다는 것

저는 오후 6시에 시작되는 하루에 반대합니다. 누군가 그러더군요. 퇴근 후에는 하고 싶은 일을 하며 살아가고 싶다고. 그래서 하고 싶은 일이 뭐냐고 물었더니 우스갯소리로 다음날 일찍 퇴근하는 것이라고 하더군요. 일이란 그렇게 버티면서 살아가라고 주어진 것이 아니라, 딛고 일어서라는 의미로 우리에게 다가온 것입니다. 지금 우리에게 필요한 것은 버티는 삶을 위한 '위로'가 아니라 '극복'입니다. 모두가 자신에게 주어진 24시간의 온전한 주인공이 되었으면 합니다. 개인의 주체성 회복을 통해 자유를 획득한 직업인으로 남길 바랍니다.

부디,
포기하는 것을
내려놓는다고
표현하지 마세요.

직장인,
그리고 직업인

"농부가 거두는 수확은 그의 권한 밖에 있는 강수량과 토지의 비옥한 정도에 따라 달라지겠지만, 이에 못지않게 그의 노동에 따라서도 결정된다."

– 파스칼

직장인職場人 : 규칙적으로 직장을 다니면서 급료를 받아 생활하는 사람
직업인職業人 : 어떠한 직업에 종사하고 있는 사람

여기에 똑같은 일을 하는 두 사람이 있습니다. 그런데 이들을 정의하는 이름표가 다릅니다. 한 명은 직장인, 또 한 명은 직업인이라는 이름표를 달고 일을 합니다. 같은 일을 하지만 이 둘의 목적과 관점은 조금 다릅니다. 직장인은 일하는 공간인 장場을 필요로 하는 사람들이고, 직업인은 업業을 추구하는 사람들입니다. 모든 직장인들은 직업인으로서의 필요조건을 갖추었지만, 주위를 둘러보면 직장에서 업에 대한 소명의식을 가진 직업인은 생각보다 많지 않습니다. 자신

이 하는 일의 의미를 깊이 이해하지 못한 채 직장이라는 공간에서 그저 시간을 때우고 있는 직장인이 부지기수입니다.

일과 삶의 분리를 이상할 정도로 강력하게 주장하는 워라밸 예찬론자에게 직장은 단지 일하는 시간을 채우면 급여가 나오는 공간일 뿐입니다. 진정한 삶은 이미 오전 9시부터 시작되었지만, 이들은 이 공간을 벗어나는 오후 6시가 되어야 비로소 진정한 삶이 시작된다고 착각합니다. 이런 직장인으로서의 삶이 우리를 행복의 길로 안내한다면 문제될 것이 하나도 없습니다. 오히려 권장해야 할 일입니다. 우리 모두가 원하는 것은 행복한 삶이지, 고통스럽게 일만 하다 끝나는 인생이 아니기 때문입니다. 그런데 직업인으로 성장하지 못한 직장인의 삶은 시간이 지날수록 스스로를 좋지 않은 상황으로 내몰게 됩니다.

직업인은 소명의식을 가지고 일하는 사람들입니다. 단기적으로만 놓고 봤을 때 이들은 치명적인 단점을 가지고 있습니다. 바로 일의 명분을 찾기 때문입니다. 자신이 하고 있는 일의 의미가 무엇인지, 왜 이 일을 해야 하는지 스스로 납득하지 못하면 좀처럼 제대로 움직이지 않습니다. 하지만 이 관문만 무사히 통과하면 직업인이 명예롭게 생각하는 업에 대한 소명의식은 엄청난 힘을 발휘합니다.

그렇기 때문에 직업인에게 출퇴근 시간이라는 개념은 사실상 의미가 없습니다. 이들은 시간과 공간을 넘어 생각의 끈을 놓지 않습니다. 이것은 신념의 문제로, 단순히 기계적으로 일하는 시간을 늘리면 되는 것과 같은 일차원적인 이야기가 아닙니다.

"유레카! ^{알아냈다}"

고대 그리스의 철학자 아르키메데스가 외친 이 말을 모르는 사람은 없을 것입니다. 기원전 350년 경 이탈리아 남쪽, 시라쿠사의 왕인 히에론 2세는 로마와의 전쟁에서 승리를 거둔 후 신전에 바칠 왕관을 제작하기로 합니다. 왕관을 제작하는 금 세공사에게 재료로 쓰일 금을 주고 왕관을 주문했는데, 문제가 발생합니다. 세공사가 받은 금을 전부 사용하지 않고 은을 섞어서 왕관을 만들고 남은 금을 가로챘다는 소문이 퍼지기 시작한 것이었습니다. 이에 왕은 아르키메데스에게 이틀 안에 왕관이 진짜인지 가짜인지를 알아내라는 지시를 내립니다. 왕관을 손상시키지 않고 진위여부를 가려내야 했던 아르키메데스는 해결방법을 찾지 못하고 고민에 빠진 채, 물이 가득 차있는 목욕탕의 욕조에 들어갑니다. 그런데 물이 가득 찬 욕조에 몸을 담그자 물이 넘치는 것을 본 아르키메데스는 갑자기 유레카를 외칩니다. 물체, 즉 금과 은이 가지고 있는 부피와 질량의 차이를 이용해 왕관의 진위여부를 알아낼 수 있다는 실마리를 찾아낸 것입니다. 아르키메데스는 이 방법으로 왕관이 순수한 금이 아닌 은이 섞인 가짜라는 사실을 밝혀내게 됩니다.

　새로운 아이디어는 어느 날 갑자기 떠오르지 않습니다. 끊임없이 생각하고 고민했던 시간과 순간의 총량이 임계점에 도달하면 나타나는 것이 바로 새로운 아이디어입니다. 뉴턴이 떨어지는 사과를 보고 갑자기 만유인력의 법칙을 떠올렸을까요? 아닙니다. 아마 떨어지는 사과를 보고 의미 있는 착상을 해내기까지 평생을 한 가지 생각에 몰두하며 살았을지도 모릅니다. 생각의 멈춤, 휴식과 같은 힐링과 위로의 말들이 유행합니다. 하지만 정작 현실에서는 생각을 멈춰야 할 사람들보다는, 지금보다 더 많은 생각과 고민이 필요한 이들이 더 많습니다. 힐링과 휴식이 아닌 훈련과 몰입 말이죠.

　혹시 이런 생각해보셨나요? 잠시 멈추고, 휴식하고, 지금의 노력으로 충분하다는 위로의 메시지를 전하는 분들의 삶이, 실제로 책에서 이야기하는 것과 같은 멈춤과 휴식의 시간으로 채워져 있을까요? 한 권의 책을 쓰기 위해 작가들이 얼마나 많은 시간과 노력, 그리고 정성을 쏟아붓는지 경험해보지 못한 사람들은 공감하기 어려우실 겁니다. 더구나 베스트셀러의 저자들은 그 책 한 권을 완성하기 위해 얼마나 많은 시간과 노력을 기울였을까요? 참 이상한 일입니다. 당신들은 그렇게 힘들게 노력하고 죽을힘을 다해서 그 자리에 올랐으면서, 왜 사람들에게는 자신이 해왔던 정반대의 길을 권하는지… 아마 그런 글을 토해내는 이유는 아쉬움일 겁니다. 자신은 그런 삶을 살지 못했던 것에 대한 아쉬움.

그렇습니다. 누군가는 생각을 잠시 멈추고 진정한 휴식을 취할 필요성을 느끼면서도 이를 실천하지 못해 아쉬워합니다. 하지만 일부 사람들은 이미 생각하기를 멈춘 채 충분한 휴식을 취하고 있으면서도 더 많은 것들을 요구하며 불평불만을 늘어놓습니다.

배울 준비가 되면 스승이 나타난다는 말이 있습니다. 얼마나 많은 사람들이 무수히 많은 배움과 성장의 기회를 눈앞에 두고도 그 기회를 받아들이지 않고, 막연히 미루고 유예시켜 왔을까요? 똑같은 것을 보고 느끼고 경험해도 생각과 태도에 따라 누구는 무언가를 배우고 발견하고 깨닫지만, 누군가는 아무것도 깨우치지 못합니다. 누군가에겐 욕조의 물이 넘쳐흐르는 것이, 떨어지는 사과가 별다른 의미 없는 현상에 불과하지만, 고민과 생각의 방향을 특정한 주파수에 맞추고 몰입하는 이들에게 물과 사과는 본질의 발견을 위한 착상이 됩니다.

일에는 분명한 목적이 있습니다. 그리고 일을 했다면 반드시 목적과 목표에 부합하는 성과를 내야 합니다. 아침에 출근해서 흐지부지 오전 9시에서 오후 6시까지 버티고 좋은 게 좋은 것이란 식으로 넘어갈 수 있는 것은 회사가 아닌 동호회에서나 통용되는 미덕입니다.

목표에 부합하는 탁월한 성과를 내는 사람들은 미친 듯이 몰입합니다. 몰입하는 사람들은 스스로 목표를 세웁니다. 하지만 낮은 목표를 가지고는 몰입 자체가 불가능합니다. 몰입은 달성할 수 있는 최상의 성과와 결과를 목표로 하는 사람들이, 이 일을 반드시 해내야만 하는 이유와 필요를 스스로 납득할 때 나타나는 특별한 업무 방식입니다. 그렇기 때문에 탁월한 성과를 내는 사람들은 목표에 대한 내적 기준이 외부의 기준을 훨씬 초월하는 경향이 있습니다. 누군가 자신이 내놓은 결과에 칭찬해도 정작 본인은 만족하지 못하는 경우가 많습니다. 바로 이런 사람들이 진정한 직업인입니다.

반면에 타인의 기대와 기준에 겨우 맞추면서도 스스로 안도하며 만족하는 패턴의 사고방식과 태도를 가지고 있는 사람들도 있습니다. 우리가 추구해야 할 모습은 일을 주도적으로 하는 것입니다. 그리고 나아가 이를 통해 삶의 주도권을 타인에게 빼앗기지 않는 것입니다. 주도권을 빼앗기지 않기 위해서는 타인의 기준과 편안함을 거부하고 스스로의 기준으로 바로 서야 합니다. 결코 남이 나를 바로 세우게 해서는 안 됩니다.

시키는 일을 기계적으로 하는 것을 좋아하는 사람은 없습니다. 그러면서도 동시에 시키지도 않은 일을 자발적으로 하는 사람이 거의 없다는 것은 아이러니입니다.

이 말은 누군가 지시하기 전에 자발적으로 일을 하지 않으면, 결국 누군가 시키는 일만 하게 된다는 것을 뜻합니다. 혹시 일방적인 업무 지시를 통한 수동적인 일의 방식에 불만을 품고 있는 사람들이 있다면, 한번 생각해볼 질문이 있습니다. 왜 수동적으로 일을 할 수밖에 없는 것일까요?

지금 맡고 있는 일에서 절대적으로 유리한 위치에 있는 사람은 바로 그 일을 맡고 있는 당사자입니다. 상식적으로 그 일에 대해 가장 잘 알고 있어야 하고, 전문성에 있어서도 그 업무만큼은 다른 누군가를 압도해야 합니다. 그럼에도 불구하고 누군가의 일방적인 지시에 의해 움직이고 있다는 것은 그동안 일과 업무에 대한 고민과 몰입이 부재했다는 것을 스스로 인정하는 꼴입니다.

지금 서있는 바로 그 자리, 그 위치가
정확히 당신이 있기로 선택하고 결정한
그 장소입니다.

수많은 시간의 고민과 깊은 몰입이 있었다면, 나보다 고민의 밀도
가 적었던 누구보다 먼저 해결해야 할 문제를 정의하고 이에 대한 솔
루션을 제시했어야 합니다. 결론적으로 그렇게 하지 못했던 수동적
인 직장인으로서의 시간이 쌓이고 쌓여, 신뢰를 잃고 일방적인 업무
지시를 받고 있는 상황까지 만들게 된 것입니다. 그리고 나서 이렇
게까지 오게 된 과정은 까맣게 잊고 불만을 이야기하기 시작합니다.
'우리 조직은 이런 문제점이 있어.' 하지만 문제를 조직에서 공론화
하고 적극적으로 의견을 제시하지 못한 것은 누구의 탓으로 돌려야
할까요? 이제 이런 생각을 하고 있는 분들이 있을지 모르겠습니다.

'우리 조직은 원래 그래. 어쩔 수 없어.'
'윗사람들이 그런데 내가 뭘 어쩌겠어.'

답이 없는 조직, 개념 없는 상사, 그 사실을 알면서도 지금 그 자리
에 있는 것은 누가 결정한 일일까요? 그리고 왜 그 자리에서 벗어나

지 못하고 있는 걸까요? 혹시 일자리, 직장의 필요성 때문인가요? 막상 내가 원하는 다른 곳을 선택하자니 그만큼의 역량과 경험이 부족하다는 것을 스스로 알고 있는 것은 아닐까요? 그럼 그동안 역량과 경험을 쌓지 못했던 이유는 무엇일까요? 답이 보일 듯 말 듯, 수없이 많은 질문들이 떠오릅니다.

직장인으로서의 삶은 처음 몇 년은 편할 수 있지만, 시간이 지날수록 자신이 능동적으로 무언가를 선택하거나 결정할 수 있는 삶의 자율성을 잃어가게 됩니다. 시간이 지나 직업인은 직장에서 자율성을 획득하는 반면, 직장인은 직장이 내 삶과 자유를 지배하는 삶을 살게 됩니다.

역량 있는 인재가 이직을 하는 이유는 대체적으로 분명합니다. 회사가 그들에게 더 이상 배우고 성장할 여건을 제공하지 않기 때문입니다. 사람은 성장하는데 회사가 성장하지 못하면 사람은 떠나게 됩니다. 반대로 회사가 성장하는데 사람이 성장하지 못하는 경우도 마찬가지입니다. 서로가 성장하는 속도와 방향이 맞아야 오랫동안 함께할 수 있습니다. 다만 여기에 우선순위가 있습니다. 개인의 성장이 먼저라는 것입니다.

회사의 성장은 개인의 성장에 대한 후행지표입니다.
개인이 성장하면 회사는 반드시 성장합니다.

개인이 가진 역량의 총합이 조직이고, 이러한 조직이 만들어가는 것이 브랜드입니다. 위대한 브랜드는 훌륭한 개인들이 모여 있는 뛰어난 조직에서 만들어가는 것입니다. 따라서 브랜드를 가꾸어 가려는 조직은 먼저 사람에 투자해야 합니다. 직장인을 직업인으로 성장시켜야 할 더 큰 책임은 조직에 있습니다. 이에 대해 누군가는 경험과 훈련, 성장을 위해 투입해야 할 비용과 이탈에 대한 우려를 나타냅니다. 기껏 투자하고 성장시킨 인재가 이직을 하면 어쩌나 두려워하는 것입니다. 충분히 공감이 가는 부분입니다. 하지만 반대로 더 끔찍한 상황은 성장하지 않는 사람들이 회사에 끝까지 남아 있는 것입니다.

인재를 위한 투자에 너무 걱정할 필요는 없습니다. 개인의 성장을 요구하고 강력하게 지원하는 조직을 이탈하는 사람들은 이미 성장의 의지가 충분하지 않은 편일 가능성이 높습니다. 다른 사람들이 성장의 기회를 얻을 수 있도록 하루라도 빨리 길을 비켜줘야 하는 사람들이란 뜻이죠.

직업인으로 성장하지 못한 직장인이 조직에 남아 중요한 위치까지 올라갈 수 있는 가능성은 브랜드의 실패 가능성과 정확히 비례합니다.

성장에 대한 의지가 없는 사람, 배움에 대한 열망이 없는 사람을 조직에서 빨리 내보내거나 개선하지 않으면, 마치 바이러스가 퍼져나가듯 성장과 배움을 추구하는 사람들은 점차 발언권을 잃어가고 무능함은 조직의 문화가 됩니다. 안타깝지만 처음부터 끝까지 모두가 함께 갈 순 없습니다.

회사가 함께하는 사람들의 성장을 적극적으로 권장하고 돕는 것은 브랜드의 성장은 물론이고, 건강한 사회와 조직을 위해 마땅히 필요한 일입니다. 이 과정을 제대로 제공한다면, 조직에 적합한 사람과 그렇지 않은 사람을 분명하게 판별할 수 있는 시금석이 되기도 합니다.

건강한 조직문화는 구성원 모두가 만족하는 환경을 제공하는 것이 아닙니다. 애매한 조직에 애매한 사람들이 모여 애매한 일을 하는 것만큼 시간을 낭비하는 일도 없습니다. 오히려 누군가는 만족을, 누군가는 불만을 표시하는 편이 바람직합니다. 그리고 역량 있는 핵심인 재들이 어느 편에 있는지를 살펴본다면 답은 비교적 쉽게 나옵니다.

모두를 만족시키고 좋은 사람으로 남기 위해 낮은 기준으로 정책을 설계할 수는 없는 일입니다. 때때로 훌륭한 경영자는 좋은 사람의 반대말이 되곤 합니다. 끊임없이 배우고 성장하고 도전하며, 이 과정을 통해 성과를 내는 사람들에 초점을 맞춘 정책이 필요합니다. 모두를 만족시키기 위한 하향평준화는 결국 누구도 만족하지 못하게 되는 결과를 초래한다는 것을 역사는 증명하고 있습니다.

불평과 불만이 많은 사람일수록 실제 문제해결 역량이 낮을 가능성이 높고, 이들은 불평불만을 이야기 하면서도 웬만해선 회사를 그만두지 않는다는 경험칙은 진실에 가깝습니다. 더 큰 문제는 이렇게 직업인이 되지 못한 채, 생존비법을 터득한 직장인이 조직에서 어느 정도의 위치에 올라서게 되는 경우입니다.

후배들을 끌어주고 직업인으로서 전문적인 조언을 해주어야 할 자리에 직장인이 자리하게 되면 악몽이 시작됩니다. 어떻게 방향을 잡아야 할지, 무엇을 지시해야 할지 모르는 역량과 경험이 부족한 직장인 상사는 모든 일의 역할과 책임을 애매모호한 경계에 두고 성과는 자신의 역할로, 책임은 아랫사람에게 돌리는 테크닉을 터득하게 됩니다. 이런 꼼수조차 없었다면 그 자리에 무엇으로 올라갈 수 있었을까요. 만약 여러분이 젊고 더 성장하고 싶다면, 이런 장소와 사람들로부터 빨리 벗어나야 합니다. 그리고 당신을 강하게 훈련시키고 성장시켜줄 수 있는, 힘들지만 가치 있는 경험을 제공할 수 있는 곳으로 가야합니다.

직업을 찾으면 직장은 어디에도 존재합니다. 직장인이 직장을 잃을까 두려워하는 것을 본 적은 있지만, 직업인이 직업을 잃을까 두려워하는 경우를 본 적은 없습니다. 직장은 누군가에 의해 빼앗길 수 있지만 직업은 내가 스스로 포기하지 않는 이상 누군가 인위적으로 잃게 만들 수 없기 때문입니다.

아무리 일자리가 부족한 현실 속에서도 거의 모든 회사들은 인재에 목말라 있습니다. 끊임없이 자신의 분야에 전문성과 역량을 갖춘 직업인을 찾고 있습니다. 반면에 많은 회사들이 갈수록 일할 장소만을 필요로 하는 직장인을 원하지 않기 때문에 일자리는 계속 사라지고 있는 것입니다.

'나' 라는 브랜드가 되어간다는 것은 직업인이 되어간다는 뜻입니다. 직업인이 되기 위해 필요한 것은 바로 압도적인 인풋입니다. 평소에 얼마나 많은 공부를 하고, 책을 읽고 계신가요? 어떤 새로운 경험과 도전에 대한 이야기를 들려주실 수 있으신가요? 공부와 독서를 할 시간이 없다는 것과 마찬가지로, 시간이 부족하다는 것이 새로운 경험과 도전의 결핍에 대한 이유가 될 수 있을까요? 그렇다면 평소 아침을 여는 시간은 몇 시입니까? 순전히 일하는 시간에는 얼마나 많은 고민과 몰입을 하고 있습니까? 주말은 무엇으로 그 많은 시간을 채우고 계신지 궁금합니다.

더 많은 시간을 소유하는 사람이 더 나은 성과를 내는 것은 아니지만, 성과를 내는 사람들은 반드시 더 많은 시간을 소유합니다. 마찬가지로 더 노력하는 사람들이 꼭 좋은 성과를 내는 것은 아니지만, 좋은 성과를 내는 사람은 반드시 좀 더 노력하는 사람입니다. 당장 오늘 저녁의 즐거움이 있는 삶이라도 그 삶에 내일의 행복이 없다면 어떨까요? 그 삶이 내일의 나를 더 회사에 의존적인 직장인으로 강화시켜주는 것이라면 어떨까요? 저는 오늘의 노력이 내일뿐만 아니라, 당장 오늘을 위해서도 더 가치 있고 의미 있다고 생각합니다.

우리의 인생이 도전과 고통, 실패와 성취 같은 경험을 이야기할 수 없이 어제와 같은 오늘만 반복된다면 내일은 또 무슨 의미가 있을까요? 삶에는 얻는 것이 있으면 잃는 것이 있고, 잃는 것이 있으면 얻는 것이 있습니다. 무엇을 얻고 무엇을 버릴지 모두가 각자의 상황에 맞는 현명한 답을 찾길 바랍니다.

직장인, 그리고 직업인

기분과
열정 구별하기

"저 천장에서 얼마나 열심히 일을 해야 했는지 알게 된다면 그 누구도 놀라운 천재의 작품이라 부르기 어려울 것이다."

  – 미켈란젤로 부오나로티

새해가 되면 누구나 새로운 마음으로 몇 가지 다짐을 합니다. 금연을 한다거나, 다이어트를 한다거나, 공부나 시험을 통과한다는 등의 약속을 하는 것은 새해를 맞이하는 통과의례 중 하나인 것이죠. 우리는 매년 다짐을 합니다. 다만 작년이나 재작년에 다짐했던 내용이 올해와 크게 다를 바 없다는 것이 특징입니다.

왜 사람들은 똑같은 다짐을 반복적으로 하는 것일까요?

일단 작년에 했던 약속이 지켜지지 않았기 때문에, 올해도 동일한 다짐을 다시 한 번 하게 됩니다. 그런데 올해 했던 새해의 다짐은 대개 얼마 못 가 다시 제자리로 돌아오게 되고, 연말이 되면 그 실수의 패턴을 반복합니다. 이런 식으로 몇 년의 시간이 흐르면, 이제 새해의 약속과 다짐은 연말이 되면 공식적으로 남발할 수 있는 요식행위로 자리잡습니다.

혹시 여러분은 올해 다짐했던 자신과의 약속을 얼마나 잘 지키고 계신가요? 우리에게서 흔히 볼 수 있는 이런 모습은 사실 좋은 의도에서 시작합니다. 새해에 하는 다짐은 지금보다 조금 더 열심히 살아보겠다는 것입니다. 더 나은 삶을 위해 노력하겠다는 의지입니다. 내일은 오늘보다 성장하고 싶은 욕구의 반영입니다. 좋은 의도가 좋은 결과로 이어지면 얼마나 좋을까요? 하지만 좋은 의도가 반드시 좋은 결과로 이어지는 것은 아닙니다.

새해에 하는 다짐의 지속성이 낮은 이유, 그리고 좋은 의도가 좋은 결과로 이어지지 않는 이유는 기분을 일으키는 환경에서 찾을 수 있습니다. 다짐을 하는 동기 자체가 새해라는 외재적 환경과 명분이라는 것입니다. 당연히 스스로 만들어낸 내재적인 동기가 아니기 때문에 지속성과 실천의 명분이 빈약할 수밖에 없습니다. 특정한 기분을 일으키는 외부 변수인 새해라는 시간적 이벤트와 멀어질수록 동기는 약화되기 때문입니다.

이런 일들이 단지 새해의 다짐에만 국한되는 일이라면 상관없습니다. 하지만 우리는 너무나도 수많은 순간을 일시적인 기분에 속아서는, 그 기분으로 약속을 남발하고 이를 지키지 못하는 일을 반복합니다. 기분은 굉장히 불안정한 특징을 가지고 있습니다. 기분은 시간에 따라 달라집니다. 함께 있는 사람에 따라 좋아지기도 하고 나빠지기도 합니다. 어느 때는 제법 긴 시간동안 괜찮다가 또 다른 날은 뚜렷한 이유 없이 갑자기 안 좋아지기도 하는 것이 기분입니다.

기분이라는 감정의 상태는 언제나 경계해야 함에도 불구하고, 순간적인 기분을 통제하지 못해 실수를 하거나 후회를 하는 경우가 있습니다. 이렇게 기분 때문에 웃고 울었던 기억은 누구나 한번쯤 경험해본 적이 있을 것이라고 생각합니다. 기분이란 사람이라면 누구나 감정이라는 형태로 마음속에 품고 있는, 시시각각 변하는 성질의 것입니다. 사실 이를 제대로 통제하기란 여간 어려운 일이 아닙니다. 아마 세상을 살면서 가장 어려운 것이 좋은 기분을 꾸준히 유지하는 것이 아닐까 싶습니다. 노력해서 할 수 있다면 가지고 싶은 능력 중에 하나이기도 합니다.

사람들이 기분과 쉽게 혼동하는 것이 있습니다. 바로 '열정' 입니다. 대부분 무언가 할 수 있을 것 같은 기분, 또는 순간적으로 벅차오르는 감정을 열정이라고 착각합니다. 주위에서 우리가 무심코 열정적인 사람이라고 평가하는 사람들을 유심히 관찰해보면 열정보다는 좋은 기분을 잘 유지하는 사람들인 경우가 많습니다. 열정과 기분은 완전히 다른 형태의 기질입니다. 기분에는 데드라인이 존재합니다. 기분을 일으키는 이벤트는 물리적으로, 시간적으로 멀어질수록 약화됩니다. 반면에 열정은 감정이라기보다는 습관에 가깝습니다. 특정한 이벤트와 명분에 상관없이 꾸준히 작동되는 행동이며 따라서 열정은 소멸되는 데드라인이 없습니다.

흔히 "열정이 식어간다"라는 표현을 일상에서 자주 사용하지만 사실 열정은 식지 않습니다. 왜냐하면 열정이란 직관적으로 떠올리는 것처럼 뜨겁거나 차가운 것이 아니며, 따라서 온도가 내려가거나 올라갈 수 있는 형태가 아닙니다. 열정은 그 상태 그대로 꾸준히 존재하는 것이기 때문입니다. 만약 열정이 식어가는 것을 느끼고 있다면 그것은 열정이 아닙니다. 그냥 기분이 사라지는 것일 뿐입니다. 그리고 열정이라고 생각했던 그 기분이 생각보다 꽤 오래갔다는 사실, 그이상 그 이하도 아닌 것입니다.

'좋은 기분을 유지하는 것', 그리고 '열정을 갖는 것'은 각각 따로 나누어서 생각할 필요가 있습니다. 그래야만 기분이 일으키는 문제에 대한 명쾌한 해법을 정의하고, 나아가 기분과 열정의 경계에 놓인 체험이 열정의 경험으로 격상되는 성장으로 이어질 수 있습니다.

더닝 크루거 효과라는 것이 있습니다. 1999년에 코넬대학교 사회심리학 교수인 데이비드 더닝과 당시 대학원생이던 저스틴 크루거는 다음과 같은 가설을 수립합니다.

"능력이 낮을수록 자신의 실제 실력보다 자신을 높게 평가할 것이다. 반대로 능력이 뛰어날수록 자신을 실제 실력보다 과소평가할 것이다."

이를 입증하기 위해 45명의 학부생들에게 논리적 사고에 관한 시험을 치르게 한 뒤, 자신의 예상하는 성적과 순위를 제출하는 방식으로 실험을 실시합니다. 결과는 예상대로였습니다. 성적이 낮은 학생들은 자신의 성적과 순위를 실제보다 높게 예상했고, 성적이 높은 학생들은 자신의 성적과 순위를 실제보다 낮게 평가했습니다.

데이비드 더닝과 저스틴 크루거는 이 실험의 결과를 "능력이 없는 사람의 착오는 자신에 대한 오해에 기인하고, 능력이 있는 사람의 착오는 다른 사람이 더 잘할 것이라는 오해에 기인한다"는 결론으로 정리합니다.

실제로 주변에 있는 사람, 특히 남성들에게 자신의 운전 실력을 어떻게 평가하느냐는 질문을 하면 십중팔구는 보통 이상이라고 대답합니다. 우리는 생각보다 더 많은 빈도로 착각에 빠집니다. 그리고 그 착각은 기분에 의해 발생됩니다. 물론 착각이 일으키는 좋은 기분이 자신의 무지에서 온다는 사실을 인지조차 하지 못하고 간과하는 경우가 부지기수입니다.

일을 하다보면 무엇이든 해낼 수 있다고 자신하는 사람들이 있습니다. 긍정적인 태도는 좋지만, 자칫 순간적인 기분으로 섣불리 대답했다가 그 일을 책임지지 못한다면 낭패를 볼 수 있습니다. 일을 할 때는 항상 기분을 경계하고 신중하게 답해야 합니다. 무지하면 지나치게 용감한 감정이 솟아오릅니다. 그리고 이 감정을 열정으로 해석할 때 오해가 생깁니다.

열정에는 조건이 있습니다.
그것은 바로 '빈도, 강도, 기간' 입니다.

만약 운동에 열정을 가진 사람이라면 그 사람은 분명 일주일 중 여러 번, 많은 시간을 운동하는 데 할애할 것입니다. 이것이 빈도입니다. 두 번째는 강도입니다. 운동에 열정적인 사람은 운동의 강도를 자신의 한계까지 몰아붙입니다. 운동에 열정을 가진 사람은 결코 쉽게 할 수 있을 정도의 무게와 강도를 유지하며 시간을 낭비하지 않습니다. 마지막으로 기간입니다. 운동에 열정을 가진 사람은 오랜 기간 동안 빈도와 강도를 유지하는 사람입니다. 쉽게 이야기해서 그에게 운동은 열정이라고 할 것도 없이 빈도, 강도, 기간이 자동적으로 유지되는 하나의 습관인 것입니다.

기분과 열정을 혼동하는 사람이 당장 내일 어디로 뛸지 예측하기 힘든 부류라면, 열정의 조건을 갖춘 사람은 충분히 예측 가능합니다. 따라서 열정적인 사람은 신뢰할 만한 사람입니다. 제아무리 일정기간 지속되는 기분으로 하루에 10시간씩 한 달 동안 운동을 해봐야, 하루에 1시간씩 평생을 하는 사람을 절대 따라갈 수 없습니다.

빈도, 강도, 기간의 조건을 갖춘 열정이 만들어내는 습관은 곧 실력이 됩니다. 따라서 어떤 분야에 열정을 가지고 있는 사람은 기본적으로 실력이 있는 사람입니다. 소위 SNS의 인플루언서들은 우리가 쉽게 접할 수 있는 열정적인 사람들입니다. 시도해본 사람들은 알겠지만 유튜브, SNS 등에 사람들이 열광할 만한 콘텐츠를 지속적으로 올리는 것은 막연한 기분만으로는 불가능한 일입니다. 이들은 해당 분야의 전문가이기도 하지만 단순한 전문성만으로 그 자리에 있는 것은 아닙니다. 만약 이들이 빈도, 강도, 기간이라는 열정의 조건을 충족시키지 않았다면 아무리 뛰어난 전문성을 갖춘 사람일지라도 그 자리까지 오르지 못했을 것입니다.

우리들의 일도 마찬가지입니다. 단기간에 용솟음치는 기분으로 이룰 수 있는 것은 세상에 아무것도 없습니다. 그 정도는 어디에서나 쉽게 찾아볼 수 있는 값싼 생활소비재 정도의 흔한 것들입니다. 브랜드가 되어가는 과정에서 의미 있는 무언가를 나눌 수 있을 정도의 가치를 생산하려면, 막연한 기분이 아니라 책임감 있는 열정이 필요합니다.

열정의 조건을 갖춘 사람들, 그래서 열정적인 사람은 결코 주변에서 흔하게 찾아볼 수 있는 부류의 사람들이 아닙니다. 그런데 열정이라는 단어가 언제부터 이렇게 쉽게 소비되는 가벼운 단어가 되어버렸는지 모르겠습니다. 여기저기 열정적인 사람들은 넘쳐나지만 자신의 열정에 책임을 지는 사람은 얼마나 될까요?

누군가 가지고 있는 열정이 신뢰할 수 있을 만한 것인지에 대한 물음에 사람들은 "열정은 좋은 거니까 어떻게 소비하든 괜찮아" 라는 식의 답변으로 얼버무립니다. 열정이라는 단어가 단지 조금 달아오른 기분 정도의 의미로 사용된다면,

우리는 진정한 열정을

가진 사람에게 어떤 단어로

경의를 표해야 할까요?

타인의 욕망에
전염된 삶

"오, 나의 정신이여, 너는 네 자신을 학대하고 또 학대하고 있구나. 그것은 네 자신을 존귀하게 할 기회를 스스로 없애버리는 것이다. 인생은 한 번뿐이고, 너의 인생도 끝나가고 있다. 그런데도 너는 네 자신을 존중하지 않고, 다른 사람들이 너를 어떻게 평가하느냐에 마치 나의 행복이 달려 있다는 듯이 다른 사람들의 정신 속에서 너의 행복을 찾고 있구나."

– 마르쿠스 아우렐리우스

컨설팅을 해본 경험도, 그런 분야에서 일을 해본 경험도 없었던 저에게 브랜드 컨설팅 제안이 들어옵니다.

"저는 그런 일을 해 본 적도, 할 줄도 모르는데요."

처음에는 정중히 거절을 했습니다. 저는 정식으로 컨설팅이라는 것을 해본 적도 받아본 경험도 없었으니 당연히 어떻게 해야 하는 건지도 몰랐습니다. 그저 작은 회사를 경영하는 대표님들과 이야기를 주고받으며 조언을 하는 정도라면 모를까, 정식으로 의뢰받는 컨설팅은 저에게는 멀게만 느껴지는 영역이었습니다. 그런데 거절하는 것도 한두 번이지 답답한 마음에 함께 대학원에서 공부한 동생을 찾아갑니다. 그 동생은 나름 전략 컨설팅 회사에서 10년을 일한 해당 분야의 전문가였습니다.

한참 대화를 나누다가 함께 일을 해보는 건 어떻겠냐고 슬쩍 제안을 했습니다. 사실 처음부터 같이 하자는 이야기를 꺼낼 생각이었습니다. 한참 고민하는 시늉을 하더니 생각해보겠다는 말로 대신하고 나중에 통화를 하기로 했습니다. 사정을 들어보니 지금 일하고 있는 컨설팅 회사에서 나름 자리를 잡고, 아예 회사를 이어받는 이야기가 나올 정도로 신임을 받고 있는 상황이었습니다. 며칠 후, 약속대로 전화를 했습니다.

"혹시 생각은 좀 해봤어?"

"네, 그런데 이직을 하고 싶어도 제가 회사에 그만둔다고 이야기하면 대표님이 저희 아버지한테 전화를 하셔서…… 혼날 것 같아요."

결론은 아버지한테 혼난다는 게 이직을 할 수 없다는 이유였습니다. 물론 진짜 이유는 그게 아니었지만, 저의 집요한 성격을 잘 알고 있는 만큼 나름대로 최대한 어쩔 수 없는 이유를 만들어낸 것이었습니다. 오랫동안 일해온 안정적인 회사를, 그 분야에 경험도 없는 사람과 당장 다음 달에 어떻게 될지도 모르는 회사로 이직할 수는 없는 노릇이었죠. 충분히 이해할 수 있는 결정이었습니다.

어쩔 수 없이, '닥치면 어떻게든 되겠지'라는 마음으로 혼자 회사를 차리게 되었습니다. 먼저 사무실을 얻어야 하는데 이 과정부터 쉽지 않습니다. 신사동 가로수길에 사무실을 낼 것이라고 하자, 많은 사람들이 조언을 합니다. 컨설팅 회사는 여의도나 테헤란로 쪽에 있어야 한다는 이야기를 가장 많이 들은 것 같습니다. 나름 그곳에 있어야만 하는 이유도 함께 알려줍니다. 많은 회사들이 그 지역을 중심으로 있고, 더구나 신사동 가로수길은 고객들이 찾아오기에 주차나 교통이 불편하다는 것입니다.

가로수길을 고집했던 특별한 이유가 있었던 것은 아니었습니다. 단지 여의도나 역삼동보다는 좀 더 젊은 느낌의 활기가 느껴졌습니다. 무엇보다 한강이 가까워서 종종 자전거를 타거나 산책을 하기에도 좋겠다는 생각이었습니다. 물론 지금까지 자전거를 타거나 산책을 한 적은 거의 없지만요. 돌이켜보면 그런 이유들조차 충분한 변명은 못되는 것 같습니다. 사실 그냥 거기에 있고 싶은 마음이 들었던 것입니다.

조언을 해주는 분들께는 정중히 감사를 표하고, 결국 가로수길에 〈턴어라운드〉라는 브랜드 컨설팅 회사를 열었습니다. 만약 교통이나 위치 때문에 고객이 오지 않는다면, 지금 내가 제공할 수 있는 서비스가 그만큼 가치 있는 것이 아닌 것이라고 냉정하게 생각했습니다. 오히려 찾아오기 어려운 위치 덕분에 가치를 확실하게 판단할 수 있다면 더 잘된 일이라고 간주하고, 가치가 없는 회사라면 빨리 문을 닫는 게 모두를 위해서도 더 낫다고 판단했습니다.

그리고 얼마 후에 〈변하는 것과 변하지 않는 것〉이라는 저의 첫 책이 나왔습니다. 처음에는 거의 모든 출판사에서 이 책은 안 될 거라 이야기했습니다. 일단 〈변하는 것과 변하지 않는 것〉이라는 제목이 철학책인지 뭔지 감이 잘 오지 않는다는 것이 첫 번째 이유였고, 내용이 마케팅치고는 너무 원론적이고 SNS 블로그 마케팅 같이 실제 도움이 되는 테크닉에 대한 소개가 부족하다는 것이 두 번째 이유였습니다.

이런 점들을 보완하고 수정해서 책을 내보는 건 어떻겠냐고 고마운 제안을 주시는 출판사도 있었지만, 저는 제목과 내용 그 어느 것도 바꾸고 싶지 않았습니다. 책의 제목과 내용에 분명한 의도가 있었기 때문이죠. 그런데 그렇게 시간이 흘러갈수록 '내가 뭔가 잘못된 생각을 하고 있는 건 아닌지', '큰 착각을 하고 있는 건 아닌지' 내심 걱정도 되었습니다. 하지만 고집스럽게 제가 하고 싶은 대로 하기로 마음을 먹고 나니 계속되는 거절도 견딜 만했습니다.

이름 한 번 들어본 적 없는 무명의 저자가 주장하는 무모한 고집을 받아줄 출판사를 찾기란 쉽지 않았습니다. 무려 수십 곳이 넘는 출판사에서 거절을 당하고 나서야 노트북 속에서 잠자고 있던 원고는 세상의 빛을 보게 되었습니다.

출판 분야 전문가들의 다양한 피드백을 받았기 때문에 책이 잘 될 것이라는 기대는 애초부터 하기 어려웠습니다. 그런데 기적과도 같은 일이 일어났습니다. 책이 베스트셀러에 올랐고 마케팅 분야에서 쟁쟁한 분들의 책을 제치고 1위에 오른 것입니다. 그리고 며칠이 지나 그 책을 읽고 컨설팅 회사에 다니던 동생에게 연락이 왔습니다.

'이 책 진짜 직접 쓴 거 맞아요? 그럼 저 같이 도전해볼게요!'

나중에 알고 보니 대학원에서 주로 웃고 장난치는 모습만 봐서 일에 대한 확신이 서지 않았었다고 합니다. "이직하면 부모님한테 혼나요!"라고 나름 배려 섞인 핑계로 제안을 거절했던 그 사람이 제 발로 다시 찾아온 것입니다.

지금 와서 곰곰이 생각해봅니다. 지난 20년간 수차례 창업과 도전, 성공과 실패를 반복하면서 나는 무엇을 배웠는가? 사업을 하면 참 많은 일들을 경험하게 됩니다. 그중에는 가치 있는 경험도 있지만 굳이 경험하지 않아도 될 일들도 어쩔 수 없이 포함됩니다.

여러분은 지금까지 기억에 남는 일들을 돌이켜봤을 때,
가장 후회되는 것이 무엇인가요?

실패했던 기억, 잘못된 의사결정, 조금 더 열심히 할 수 있었는데 또 그래야만 했음에도 그러지 못했던 시간들, 성실하지 못했던 태도, 그렇게 밀려오는 후회…… 지금 떠올려도 다양한 생각과 감정이 밀려옵니다. 그동안 사업을 하면서 정말 많은 부분을 반성하고, 부끄러움을 느끼는 부분들도 있지만 가장 아쉬운 것이 있습니다.

"내 일인데, 정작 내 마음대로 한 것은 하나도 없었습니다."

늘 다른 사람들이 해주는 말대로, 다른 사람들 눈에 그럴듯하게 보이기 위해, 때론 다른 사람들에게 과시하기 위해, 때론 다른 사람들을 만족시키기 위해, 그렇게 평생을 타인이 기대하는 평균의 감옥에 나를 가두기 위해 노력해온 것입니다.

일을 하다 실패해도 좋고, 그 실패 때문에 고통을 겪는 것도 좋습니다. 그런데 내가 원하는 대로 마음껏 해보고 나서 겪는 실패와 고통이라면 차라리 후회라도 덜할 텐데요. 생각해보니 타인이 아닌 내가 원하는 결정을 해야 하는 상황에서도 비합리적인 사람으로 보일까봐, 혹은 다른 사람들에게 이상하게 비춰질까봐, 걱정스런 마음에 무엇 하나 마음대로 해본 것이 없다는 생각에 억울함이 느껴졌습니다.

결국 저에게 부족했던 것은 나를 믿어줄 용기였습니다.
나조차 스스로를 믿지 못하고 타인에게 의존하는 사람이
사업은 무슨 사업입니까?

30대, 아무것도 잃을 것이 없는 제로 베이스의 상황이 되고 나서 뒤늦게 깨닫고 '내 마음이 가는대로 따르자'고 마음먹었습니다. 내 마음이 가는 대로, 정말 당연한 말이지만 막상 현실과 맞닥뜨리는 순간 내 마음이 가는 대로 따르는 것이 쉽지 않습니다.

당장 눈치봐야하는 사람과 상황이 너무 많습니다. 실제로 가끔씩 어리석어 보이기도 하고, 종종 현실성이 없는 생각이란 소리를 듣는 것쯤은 감수해야 하는 경우가 많습니다. 하지만 내 마음대로 하면 적어도 후회는 없습니다. 내 인생을 뭐 하나 내 마음이 가는 대로 하지도 못한다면 얼마나 슬픈 일입니까? 제가 좋아하는 시가 있습니다. 프로스트의 〈가지 않은 길〉이라는 시입니다. 먼저 이 시를 소개하고 이야기를 이어가도록 하겠습니다.

가지 않은 길

단풍 든 숲 속에 두 갈래 길이 있었습니다
몸이 하나니 두 길을 가지 못하는 것을
안타까워하며, 한참을 서서
낮은 수풀로 꺾여 내려가는 한쪽 길을
멀리 끝까지 바라다보았습니다

타인의 욕망에 전염된 삶

그리고 다른 길을 택했습니다, 똑같이 아름답고,
아마 더 걸어야 될 길이라 생각했지요
풀이 무성하고 발길을 부르는 듯했으니까요
그 길도 걷다 보면 지나간 자취가
두 길을 거의 같도록 하겠지만요

그날 아침 두 길은 똑같이 놓여 있었고
낙엽 위로는 아무런 발자국도 없었습니다
아, 나는 한쪽 길은 훗날을 위해 남겨 놓았습니다!
길이란 이어져 있어 계속 가야만 한다는 걸 알기에
다시 돌아올 수 없을 거라 여기면서요

오랜 세월이 지난 후 어디에선가
나는 한숨지으며 이야기할 것입니다
숲 속에 두 갈래 길이 있었고, 나는-
사람들이 적게 간 길을 택했다고
그리고 그것이 내 모든 것을 바꾸어 놓았다고

– 로버트 프로스트

누구나 자신이 걸어온 길보다 가지 않은 길에 대한 아쉬움과 미련이 남기 마련입니다. 어차피 두 갈래의 길을 모두 가볼 수 없는 것이 인간이 가진 숙명이라면, 아쉬움과 미련이 후회로 남는 길을 선택하면 안 될 일입니다.

어떤 사람은 오랜 시간 동안 주어진 틀 안에서 같은 일들을 성실하게 반복하면서도 늘 타인의 주변부에 머뭅니다. 하지만 또 다른 사람들은 짧은 시간에도 불구하고 올바른 질문을 던지고 답하며 자신의 일의 온전한 주인공이 되기도 합니다. 이런 차이는 본질적으로 '누구의 길을 걷고 있느냐'에서 시작되는 것이 아닐까 합니다.

타인의 욕망에 전염된 삶은 또 다른 이들을 타인의 욕망으로 오염시킵니다. 타인의 시선에 따르는 길을 걸으며 성공하느니, 차라리 내 마음이 가는 길을 걷고 실패하는 편이 더 가치 있는 경험이라고 생각합니다.

브랜드가 되어가는 길에는 수많은 갈림길이 있습니다. 나의 길이 아니라고 생각하는 길을 억지로 걸을 필요는 없습니다. 남들에 뒤처지지 않기 위해, 남들보다 앞서가기 위해 하는 노력은 공허한 결말을 맞게 되는 분명한 복선입니다. 그저 자신의 길을 걷는다면, 그 길 위에 남들보다 앞서거니 뒤서거니 하는 불필요한 마주침은 없을 겁니다. 이름 모를 낯선 타인의 길을 달리고 있다면 차선을 변경해야 합니다. 그 길은 나의 길이 아닙니다. 우리는 당장 한 치 앞의 내일도 알 수 없습니다. 지금부터라도 사람들이 바라는 대로가 아닌, 내가 원하는 대로 해보는 건 어떨까요? 소설 〈데미안〉의 프롤로그는 다음과 같은 문장으로 시작합니다.

"내 속에서 솟아 나오려는 것, 바로 그것을 나는 살아보려고 했다. 왜 그것이 그토록 어려웠을까."

우리에게 주어진 시간이 그리 길지 않은 것 같습니다. 지금이 아니라면 미래의 언제쯤이나 내 속에서 솟아 나오려는 것을 살아볼 용기가 생길까요?

타인의 욕망에 전염된 삶

자율성을 위한
조건

"새는 알에서 나오려고 투쟁한다. 알은 세계이다. 태어나려는 자는
하나의 세계를 깨뜨려야 한다."

    – 헤르만 헤세

    여기저기, 수평적인 조직문화, 자율적인 조직문화에 대한 필요성
을 주장하고 있습니다. 이런 분위기에 화답하듯 이제는 많은 사람들
이 좋은 회사라면 자율적이고 수평적인 조직문화를 가지고 있을 것
이라고 기대합니다. 맞는 이야기입니다. 좋은 회사, 위대한 브랜드는
반드시 이에 걸맞은 조직문화를 갖추고 있습니다. 그 가운데 하나가
바로 자율적인 업무방식입니다.

    자율적인 업무방식, 이 단어는 세계최고의 기업들, 혹은 실리콘밸
리에서 두각을 나타내는 기업들의 성과를 살피면서 꼽는 핵심 성공
요인 중에 하나입니다. 우리가 이런 단어를 접한다면 유명한 기업이

나 스타트업의 성공사례를 설명하면서 나오는 경우가 대부분일 것입니다.

이를 다르게 이야기하면, 자율적인 업무방식은 전 세계에서 최고의 성과를 내는 인재들이 일하는 방식이라는 의미입니다. 그들은 대부분 경험이 많은 베테랑입니다. 자율성을 바탕으로 자신들이 맡은 역할과 책임을 훌륭하게 완수하는 사람들이죠. 이 지점에서 잘못된 상식과 오해가 퍼져나가기 시작합니다.

일의 자율성은 자신에게 주어진 역할과 책임의 무게를 짊어질 수 있는 역량을 가진, 업무에 대한 전문성과 성공경험을 바탕으로 조직의 신뢰를 확보한 인재들이 주장할 수 있는 업무방식입니다. 이 말은 누구에게나 자율적인 업무방식이 적합하지 않을 수 있다는 가설을 던지게 만듭니다. 과연 이것은 모두에게 바람직한 방식일까요?

저희 회사에는 업무에 대한 지시나 명령이 없습니다. 일주일에 한 번, 매주 월요일에 전반적인 업무의 방향을 잡고 프로젝트에 대한 진행상황을 공유합니다. 이 자리에서 방향이 잡히면 각자 알아서 데드라인과 업무계획을 수립합니다. 광고 예산, 채널 등의 의사결정도 일을 맡은 해당 담당자가 그때그때 결정을 하는 구조입니다.

이것이 가능한 이유는 함께하는 동료들의 경력과 이를 뒷받침하고 있는 이들의 경험과 전문성 때문입니다. 누군가 함께 팀으로 일을 하는 이유는 분명합니다. 나 혼자만의 힘으로는 부족하기 때문입니다. 다른 분야의 전문성이 필요하고, 다른 의견을 기꺼이 내어줄 다른 관점을 가진 사람이 필요하기 때문입니다.

그래서 저는 함께할 동료들을 찾을 때 세우는 한 가지의 기준이 있습니다. 바로 제가 존경할 수 있는 사람을 뽑는 것입니다. 면접을 진행할 때 전문성은 물론이고, 특히 상대방에게서 배울 점을 찾기 위해 끊임없이 질문합니다. 나 스스로 나의 선생님이라는 생각과 마음이 들지 않으면 함께하는 이들을 진심으로 존중하고 배려하며 일하기 어렵기 때문입니다.

하지만 문제도 있습니다. 함께할 사람을 찾기가 쉽지 않습니다. 지난 3년 동안 수백 명이 지원했지만, 소수의 인원을 채용하는 데 그쳤습니다. 생각보다 원하는 사람을 찾기가 어렵습니다. 그래서 지금도 여전히 사람을 찾고 있습니다. 자신의 분야에서 기꺼이 저의 선생님이 되어줄 수 있는 역량과 성품을 갖춘 사람들. 이런 사람들과 일을 하다보면 많은 것을 배우고 깨닫게 됩니다. 그런 의미에서 지금 함께하고 있는 동료들은 모두 나의 진정한 스승인 셈입니다.

겉으로 보이는 자율적인 조직문화 때문인지 채용을 할 때가 되면 많은 사람들이 자율적인 조직문화라는 단어에 매력을 느끼고 지원을 합니다. 그런데 막상 함께 일을 하게 되면 십중팔구는 무엇을 어떻게 해야 할지 제대로 갈피를 잡지 못해 스스로 포기하고 맙니다. 아마도 자율이란 이름 뒤에 따라오는 역할과 책임의 무게는 미처 가늠하지 못했기 때문인 것 같습니다. 그중에는 업계에서 꽤나 상당한 경력을 갖춘 사람들도 있었습니다. 오랜 경력을 쌓은 사람들은 자율적으로 일을 할 수 있는 역량을 갖추고 있을까요? 꼭 그렇지는 않은 것 같습니다.

**경력이 풍부한 사람에게는 두 가지의 가능성이 있습니다.
경험이 풍부하거나. 편견이 풍부하거나.**

만약 우리가 누군가를 10년의 경력을 가진 사람이라고 이야기한다면, 여기에서 경력은 10년이라는 시간 동안 그만큼의 다양한 경험을 해온 사람을 의미합니다. 단순히 10년을 일했다는 것은 경력이 되기에 충분한 조건이 될 수 없습니다. 예를 들어 처음 1년의 경험을 이후 10년 동안 동일하게 반복한다면 이것은 진정한 의미의 10년 경력이라고 할 수 없는 것이죠. 엄밀한 의미에서 경력 1년이라고 말하는 편이 본래 단어가 가진 뜻을 더욱 잘 나타낼 것입니다.

1년의 경험이 10번 반복되어 10년의 경력이 된다면 이런 경우 십중팔구는 자신이 알고 있는 1년의 경험이 주는 협소한 세계의 편견에 사로잡히게 됩니다. 자신이 겪은 10년의 시간이 갖는 의미와 정당성을 보상받기 위한 편견은 시간이 지날수록 강해집니다. 일종의 확증 편향Confirmation Bias으로 나타나는 것이죠.

반면에 풍부한 경험을 가진 사람들은 좀 더 넓고 다양한 스펙트럼을 가지고 있습니다. 협소한 경험의 세계를 가진 사람들의 마음에는 오직 그들의 생각을 타인에게 발산시킬 출구만 존재합니다. 다른 사람들의 생각이 기꺼이 수용되고 침범할 수 있는 열린 입구는 존재하지 않습니다. 그러면서도 두루뭉술한 생각과 애매한 태도로 함께하는 사람들을 혼란스럽게 만들곤 합니다. 하지만 풍부한 경험을 가진 이들의 마음속에는 출구와 입구가 동시에 존재합니다. 또한 일과 삶에 대한 확고한 원칙과 기준을 가지고 있습니다.

성과는 경험에 의한 경력을 가진 사람들이 팀을 이끌거나 주도하면서 만들어집니다. 경력이 많은 사람들이 자율성을 행사할 수 있는 것은, 이들이 일의 과정과 일정, 결과를 어느 정도 통제하고, 예측할 수 있을 정도의 경험을 갖추고 있기 때문입니다.

한번 생각해볼까요? 주변에 일을 자율적으로 할 수 있을 정도의 역량을 갖춘 '경력자'를 몇 명이나 떠올릴 수 있을까요? 그리고 지금 떠오른 그들은 아마 자율적으로 일에 몰입하는 형태의 패턴을 가진 사람들일 겁니다.

자율성을 주장할 수 있을 정도의 경력을 가진 사람들에게 자율성은 일의 효과와 효율을 내기 위한 동기부여 수단입니다. 반면에 경력의 정도가 낮은 사람들이 주장하는 자율성은 그 자체가 목적이자 변명의 수단이 됩니다. 마치 자율성이 부족해서 동기부여가 되지 않고, 부족한 동기부여 때문에 성과가 나지 않는다는 식의 논리입니다.

하지만 경력의 순도가 높은 사람들은 스스로 동기부여를 합니다. 이들에게는 따로 동기를 부여할 필요가 없습니다. 왜냐하면 지금, 이 장소에서 이 일을 하고 있다는 것 자체가 본인 스스로의 선택이라는 사실을 잘 알고 있기 때문입니다. 정상적인 경우라면 이보다 더 큰 동기부여는 없습니다. 현재의 상태를 선택한 이유가 분명할 테니까요. 만약 그 이유가 불분명해서 본인이 스스로 선택한 오늘, 지금, 현재에 대한 동기부여가 없다면 어딘가 잘못된 겁니다. 본인 스스로가 자율적으로 한 선택조차 충실하게 책임지지 못할 만큼 비자율적인 존재라는 것을 증명하는 셈입니다.

자율적인 조직문화는 역량 있고 책임질 수 있는 경험을 가진 사람들이 모여 있을 때 가능합니다. 그렇지 않은 경우라면 자율적인 조직문화는 누군가의 역할을 모호하게 만듦으로써 누구도 책임지지 않는 방종의 카르텔을 만들고, 원칙이 부재한 최악의 조직문화가 될 가능성이 큽니다.

자율과 책임은 우리에게 익숙하고 쉬운 단어지만, 현실에서는 이보다 무겁고 무서운 말이 없습니다. 자율성은 많은 사람들이 추구하는 이상적인 지향점이지만, 현실은 오히려 그 반대에 가깝습니다. 정작 대부분의 사람들에게 필요한 것은 일의 자율성이 아니라, 어떠한 일, 업무에 있어 자율성을 감당할 수 있을 정도의 인재로 성장하기 위한 고된 훈련과 경험을 쌓는 것입니다. 자신에게 주어진 기본적인 일도 제대로 해내지 못하는 사람이 갑자기 일의 자율성이 주어진다고 잘해낼 리 없습니다.

누군가는 일의 자율성을 동기부여로, 그리고 동기부여를 성과로 연결하여 설명하거나 주장하기도 합니다. 아마 실제 현장에서 일을 해본 경험이 충분하지 않거나, 이론을 연구하는 학자일 가능성이 큽니다. 본질적으로 일의 성과는 '할 수 있을 것 같은' 기분이 아니라, 실행할 수 있는 능력과 실력에 의해 차이가 발생하기 시작합니다. 더

욱이 그 기분을 스스로 생산해내는 것조차 전적으로 실력에 의존합니다.

일을 잘하는 사람은 일을 잘할 수 있는 환경과 열정을 만들어낼 줄 압니다. 일을 잘 못하는 사람은 일을 못해야만 하는 환경과 기분을 만들어낼 줄 압니다. 일의 자율성이라는 동기부여, 기분이라는 것은 그 일을 충분히 감당해낼 수 있는 역량을 갖춘 사람에게나 효과가 나타납니다. 일의 자율성은 누구에게나 함부로 이야기하거나 권할 수 있는 마법의 지팡이가 아닙니다.

타율성, 강제성은 무조건 안 좋은 것, 나쁜 것이라는 생각은 편견입니다. 그렇게라도 배우고 성장할 수 있는 기회가 있다면 오히려 감사한 일입니다. 아직 일을 배우고 있는 사람이거나, 성장을 이끌어줄 확실한 조직이나 사람을 만난 경우, 적절한 타율성과 강제성 안에서 자율성의 크기를 스스로 키워가는 것이 더 현명하게 성장할 수 있는 방법이 될 수도 있습니다.

실력이 있어야 자신감이 생기고, 자신감이 반복되면 열정이 생깁니다. 자신감의 원천은 확고한 역량입니다. 역량은 경력이라는 이름의 풍부한 경험을 통해 쌓아가는 것입니다. 실력과 역량이 부족한 상태에서 느끼는 자신감은 순간적인 기분일 뿐, 열정을 만들어내는 원천과는 거리가 멉니다. 따라서 이것은 자신감이나 열정이 아닙니다. 순간적인 '기분'과 지속적인 '열정'은 완전히 다른 개념을 가진 단어입니다. 열정의 지속시간이 짧다면, 그 열정의 원천이 순간적인 기분은 아닌지 다시 한 번 점검해봐야 합니다.

일의 자율성은 차치하더라도 자율적인 존재가 되기 위해, 열정적인 삶을 살아가기 위해서는 압도적인 인풋이 필요합니다. 절대적인 훈련을 통해 고통을 이겨내야 합니다. 이 과정을 끝까지 견뎌내지 못한다면 영원히 열정의 주변부에 머물며 그저 할 수 있을 것 같은 '기분'에 평생 속으며 살게 됩니다.

새로운 경험에는 지금까지 경험하지 못한 고통이 따릅니다.
지금 고통이 있는 그곳으로 뛰어들길 권합니다.

그렇게 경험을 만들어가고 경력을 쌓다보면, 일의 자율성은 주장하지 않아도 저절로 주어지게 됩니다. 그리고 그때가 되면 일의 자율성이라는 것이 그다지 특별한 의미로 다가오지 않게 될 것입니다.

어차피 이들은 외부적 의미와 명분에 상관없이 스스로 의미와 명분을 생산해내는 자율적인 일의 역량을 갖게 되어 있을 것이 분명하니까요.

신뢰에 대한
오해와 편견

"우리는 자신을 앞으로 할 수 있는 것으로 판단하지만, 다른 사람은
우리를 우리가 이미 한 것으로 판단한다."

— 헨리 워즈워스 롱펠로

우리가 지금까지 수도 없이, 귀에 못이 박힐 만큼 많이 들어온 이
야기가 있습니다. 바로 신뢰에 대한 확실한 효과와 확고한 믿음입니
다. 그 누구도 우리의 삶에서, 그리고 인간관계와 일에 있어 신뢰의
중요성을 부정할 수 없을 것입니다. 그렇지 않다면 "신뢰를 받는 사
람이 성공한다", "신뢰받는 브랜드가 사랑받는다"는 등, 지금까지
수많은 역사 속 인물들이 이토록 신뢰의 중요성을 강조하는 말과 글
을 남겼을 리 없습니다.

신뢰사회에서 신뢰는 성공의 분명한 척도입니다. 사람들로부터 얼
마나 깊은 신뢰를 획득할 수 있느냐는, 얼마나 더 가치 있는 것들을

성취할 수 있느냐와 직접적인 인과관계를 맺고 있습니다. 우리가 원하는 그것이 돈이든 명예든 사랑이든 상관없습니다. 지금 생각하고 있는 성공이 어떤 형태든, 그것을 얻고 싶다면 먼저 신뢰를 얻어야 합니다.

신뢰는 있으면 좋은 것이 아니라, 없어선 안 되는 것입니다. 브랜드에서도 신뢰는 핵심적인 자산이라고 할 만큼 중요한 역할을 합니다. 브랜드는 고객에게 약속을 하고 고객은 브랜드가 기꺼이 약속을 이행할 것이라는 기대를 합니다. 이런 기대가 반복해서 충족되었을 때 브랜드는 고객들에게 신뢰를 얻게 됩니다. 브랜드가 획득한 신뢰는 사람들의 구매의사결정 과정과 시간을 단축시킴으로써 고객의 시간적 비용을 절감시켜주는 역할을 합니다. 신뢰가 브랜드의 가치를 창출하게 되는 것이죠.

속도는 시간과 결과를 지배합니다. 속도가 있어야 시간을 압축할 수 있고, 비용을 줄일 수 있습니다. 그래야만 더 많은 실행과 시행착오를 통해 더 나은 성과를 달성할 수 있게 되는 것이죠. 더구나 시간과 비용은 공급할 수 있는 절대량이 정해져 있기 때문에, 어떤 경우에도 비탄력적인 상수입니다. 그렇다면 결국 우리가 비교적 통제할 수 있는 영역에 속하는 변수는 속도입니다. 속도라는 변수는 시간과 비용이라는 상수에 영향을 미칠 수 있는 거의 유일한 대안입니다. 그 속도를 결정하는 것이 바로 신뢰인 것이죠.

회사의 조직 내에서도 마찬가지입니다. 신뢰는 성과와 속도를 위한 필수조건입니다. 서로 간의 신뢰가 부족한 조직은 한 가지 작은 실행을 하더라도 구성원들을 설득하고 이해시키는 과정과 시간에 많은 에너지를 빼앗기고 맙니다. 당연히 속도가 나지 않습니다. 제아무리 페라리 엔진만큼의 역량을 가지고 있다한들, 자전거 브레이크만큼의 신뢰만 존재한다면 페라리 엔진은 결국 자전거 브레이크가 감당할 수 있을 만큼의 속도만 낼 수 있게 됩니다.

조직 구성원들 간의 신뢰의 척도 중 하나는 바로 자신을 얼마만큼 솔직하게 드러낼 수 있느냐 하는 것입니다. 겉으로는 서로에게 관대하고 칭찬하고 의견을 존중하는 문화가 신뢰의 문화라고 생각하기 쉽습니다. 하지만 진정한 신뢰란 그 반대에 가깝습니다. 관대하지만 때론 엄격하고, 칭찬하지만 때론 비판하고, 존중하지만 때론 반대하는 사람들, 일에 대해 불편한 이야기를 굳이 배려하지 않고 자연스럽게 이야기할 수 있는 관계로 이루어진 것이 바로 신뢰의 문화입니다.

엄격한 원칙, 날카로운 비판이 개인의 사사로운 이익이 아닌, 오직 공동체의 이익을 위한 선의가 담긴 주장임을 믿고 소통할 수 있는 것이 신뢰입니다. 좋은 게 좋은 것이란 식으로 넘어가는 것은 신뢰가 아니라 서로에 대한 불신을 기반으로 합니다. 회사 내에서 나의 생각과 주장이 다른 사람의 의견과 부딪히는 것은 지극히 당연한 일입니다. 하지만 반대와 비판을 오해하는 경우가 많습니다. 그것은 당신의 주장과 생각에 대한 것이지, 결코 당신을 반대하거나 비판하는 것이 아닙니다.

서로 다른 생각들의 '부딪힘'은 본질적으로
새로운 생각의 탄생을 위한 '마주침'입니다.
우리들이 가지고 있는 서로 간의 다름이
지금보다 나은 가치를 향하기 위해선 더 많이
부딪치고 마주쳐야 합니다.

다른 의견, 다른 관점을 이야기하는 것은 직업인의 의무입니다. 나의 의견과 관점이 다른 생각들과 부딪히는 것이 두려워 상대방을 배려하는 것은 학교 동아리에서는 미덕일지 모르지만, 적어도 다른 생각의 가치를 급여라는 형태로 청구하는 사람들이 모여 일을 하는 회사에서는 악덕일 확률이 높습니다. 상대의 기분을 걱정하는 마음의 이면에는 내심 미래의 나의 안녕을 걱정하는 자기연민이 자리잡고 있습니다. '앞으로 내가 무언가 이야기했을 때도 지금처럼 서로 좋게 넘어갔으면' 하는 암묵적인 신호를 보내고 있는 것입니다.

　대체적으로 역량과 신뢰가 부족한 사람들이 한자리에 모여 있을 경우, 그 자리는 좀처럼 불편한 대화가 오가지 않습니다. 서로가 서로를 들키고 싶지 않은 마음에, 눈치를 보며 각자 조심하고 역량과 수준이 들키지 않도록 배려하기 때문입니다. 이런 일이 반복되기 때문에 아무리 오랜 시간을 함께 일해도 좀처럼 상대방에 대해 제대로 알지 못합니다. 뿐만 아니라, 원칙을 벗어난 범위의 편의를 봐주는 일도 선의와 관용이라는 이름으로 허용되곤 합니다. 이유는 분명합니다. 앞으로 원칙을 벗어난 선의와 관용을 제공받을 미래의 수혜자가 내가 될 수 있는 가능성을 열어두기 위한 명분을 쌓는 것입니다.

　얼핏 보면 서로를 배려하는 굉장히 좋은 조직 문화를 가지고 있는 것처럼 보입니다. 하지만 유심히 들여다보면 이런 것들은 서로에 대한 신뢰보다는 불신, 또는 도덕적 결함을 가지고 있는 것에 가깝습니다. 신뢰는 편의와 상황에 따라 움직이는 가변적인 개념이 아닙니다. 그것은 분명한 원칙과 조건이 부합했을 때 속도와 성과를 가속시켜주는 스위치입니다. 신뢰는 먼저 자신을 솔직하게 보여주는 데서 시작됩니다. 자신의 취약점을 드러내고, 도움을 요청하고, 가지고 있는 생각을 가감 없이 주장하는 것입니다. 상대와 다른 내 생각을 주장하더라도 그들이 충분히 나의 의견을 진지하게 경청하고 이해하려는 노력을 선행할 것이라는 믿음이 신뢰의 출발인 것입니다.

지금까지 신뢰의 역할을 이야기했습니다. 그렇다면 신뢰란 무엇일까요? 지금 주변에 신뢰할 수 있는 사람을 떠올리면 가장 먼저 떠오르는 단어는 어떤 것인가요? 성격이 좋은 사람이 신뢰할 수 있는 사람입니까? 아니면 약속을 잘 지키는 사람이 신뢰할 수 있는 사람인가요? 그것도 아니라면 성과를 내는 사람을 신뢰할 수 있는 걸까요?

한 사람이 있었습니다. 이 사람은 기본적으로 이타적인 삶의 태도를 가지고 있는 사람으로, 자신의 형편이 조금 어려워도 자기보다 좀 더 어려운 사람을 보면 기꺼이 자신의 몫을 내어줍니다. 추운 겨울에 길을 걷다 어느 노숙자를 보고는 자기가 입고 있는 패딩을 벗어주기도 하는 마음씨 따뜻한 사람입니다. 그런데 한 가지 문제가 있습니다. 평소에 하는 행동이나 생각을 들어보면 좋은 성품을 가지고 있는 사람임이 분명하지만, 이상할 정도로 약속을 잘 지키지 못합니다. 약속시간을 지키는 것을 애초에 기대할 수도 없습니다. 스스로 하는 다짐이든 다른 사람에게 지키기로 한 약속이든, 아무리 굳은 약속이라도 약간만 시간이 지나면 금방 깨지고 맙니다.

신뢰에 대한 오해와 편견

또 다른 사람이 있었습니다. 이 사람은 방금 그 사람과는 반대입니다. 종종 이기적인 사람이라는 생각이 들 정도로 자기중심적인 사람입니다. 자기가 손해 보는 일은 절대로 하지 않습니다. 약속장소를 정해도 꼭 자신이 사는 집 근처로 정하고, 어딜 가도 먼저 계산을 하는 경우를 본 적이 거의 없습니다. 이런 면을 콕 집어서 나쁘다고 말하기는 애매하지만 따뜻함이나 배려와 같은 단어와는 확실히 거리가 먼 사람입니다. 하지만 장점도 있습니다. 이 사람은 한번 내뱉은 말은 어떻게든 지키는 특징을 가지고 있습니다. 또 그럴 만한 출중한 능력과 악착같은 태도를 지니고 있습니다. 물론 그렇기 때문에 함부로 약속을 하거나 다짐을 하지 않지만, 적어도 이 사람이 한 말은 왠지 믿음이 갑니다.

첫 번째 친구는 마음씨는 좋지만 약속을 잘 지키지 못하는 사람입니다. 두 번째 친구는 약속을 잘 지키고 능력도 뛰어나지만 이기적입니다. 과연 누가 더 신뢰할 수 있는 사람일까요?

신뢰에는 몇 가지 조건이 있습니다.
바로 성품과 역량, 그리고 결과입니다.

성격이 좋다는 것만으로, 역량이 있다는 것만으로 신뢰할 수 있는 사람이 될 수 있는 것은 아닙니다. 그런데 우리는 아주 쉽게 성품이 좋은 사람은 신뢰할 만하다고 단정하는 경향이 있습니다. 신뢰를 호의적인 감정 정도로 판단하는 것이죠. 물론 성품은 신뢰의 세 가지 요소 중 가장 중요합니다. 성품이 좋지 않다면 나머지 두 요소는 함께하는 사람과 조직을 파멸의 길로 이끌 것이 뻔하기 때문입니다. 하지만 그럼에도 불구하고 만약 신뢰가 오직 호감을 주는 인상이나 성격 등을 가리키는 것이라면 지금처럼 신뢰를 강조할 일도 없었을 것입니다. 호감을 주는 인상, 따뜻한 성품은 신뢰의 조건 중 하나지만, 전부는 아닙니다.

신뢰에는 역량이 필요합니다.

평소 성품이 좋은 친구는 믿을 만한 사람이지만, 일을 함께할 때는 신뢰할 수 없는 사람일 수 있습니다. 왜냐하면 신뢰라는 것은 성품뿐만 아니라, 그가 가지고 있는 역량을 포함하기 때문입니다. 아무리 사랑하고 신뢰하는 가족이라 할지라도 면허증이 없는 사람에게 운전대를 맡길 수는 없습니다. 가족은 그 누구보다 믿을 만한 존재이지만 운전을 맡길 수 있는 신뢰는 믿을 만한 사람이라는 문제 외에, 운전을 할 수 있는지에 대한 능력의 여부가 남아있습니다. 운전을 할 수 있는 자격과 능력이 되지 않는다면 제아무리 가족이라도 운전의 영역에 있어서는 신뢰할 수 없게 되는 것입니다.

신뢰에는 결과가 필요합니다.

지금까지 역량을 바탕으로 쌓아온 결과가 없다면 무엇으로 당신의 역량과 실력을 증명할 수 있을까요? 신뢰의 바탕에는 이 사람과 함께하면 어떠한 결과가 나올 것이라는 것을 예측할 수 있을 만한 자료가 필요합니다. 그것이 바로 지금까지의 경험과 결과인 것이죠.

아무리 훌륭한 성품을 가진 사람이라 할지라도 신뢰를 얻고자 하는 분야에서 탁월함을 입증하는 경험과 결과가 없다면 신뢰를 얻을 수 없습니다. 누군가 당신의 성품에 대한 믿음을 바탕으로 자신이 줄 수 있는 수많은 기회 중 하나를 내어줄 지는 몰라도, 신뢰가 없다면 자신에게 주어진 유일한 기회를 내어줄 사람은 없습니다. 만약 가족 중 누군가 중요한 수술을 해야 한다면 막연한 믿음과 확고한 신뢰의 차이는 선명해집니다. 어느 누구도 사랑하는 사람이 겪어야 하는 수술을 경험이 없는 의사에게 맡길 사람은 없습니다.

우리가 일상적으로 하고 있는 직업인으로서의 일도 이 범주를 넘어서지 않습니다. 신뢰할 수 있는 사람으로 남기 위해서는 좋은 사람으로는 불충분합니다. 신뢰는 성품, 역량, 결과라는 요소가 충족되었을 때 발현되는 막연한 믿음 이상의 무언가입니다.

신뢰를 원한다면 좋은 사람이 되어야 합니다.

이것이 첫 번째입니다.

신뢰를 원한다면 해당 분야에 대한 역량이 있어야 합니다.

이것이 두 번째입니다.

신뢰를 원한다면 결과를 보여주고 증명할 수 있어야 합니다.

이것이 신뢰를 완성하는 마지막 세 번째 퍼즐입니다.

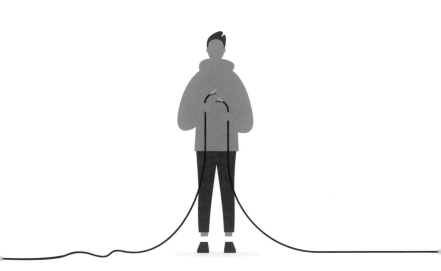

마음을
움직이는 기본

"인간의 목표는 풍부하게 소유하는 것이 아니고 풍성하게 존재하는
것이다."

  – 법정스님

  여느 날과 다를 바 없는 평범한 날이었습니다. 한창 프로젝트가 진
행 중인 고객사 미팅을 가기 위해 택시를 잡아봅니다. 마침 그 시간
이 택시 잡기가 쉽지 않은 시간인지, 도로 위에는 택시도 별로 없습
니다. 엎친 데 덮친 격으로 막상 빈 택시가 오면 저보다 한참 늦게 온
사람들이 제가 서있는 곳보다 살짝 앞 쪽으로 가서는 먼저 택시를 잡
아탑니다.

  "얌체 같은 사람들……"

  '아, 그냥 내 차를 가지고 가야겠다.' 택시 잡기를 포기하고 회사

주차장으로 돌아가려는 순간 마침 빈 택시 한 대가 앞을 지나갑니다. 반가운 마음으로 손을 흔들어 택시를 세웠습니다. 으레 택시에 앉자마자 목적지를 이야기하려는 찰나, 50대 후반에서 60대 초반 정도의 연세가 지긋해 보이는 택시기사님이 먼저 인사를 건넵니다.

"제 차에 탑승해주셔서 정말 감사합니다."

그 말을 듣는 순간 기분이 묘합니다. 손님에게 당연히 건네는 인사 정도로 생각할 수도 있었지만, 저에게는 이 인사가 특별하게 느껴졌습니다. 그동안 택시를 타면서 '제 차에 탑승해주셔서 정말 감사합니다.'라는 인사는 들어본 적이 없기 때문입니다. 단순한 인사 한 마디를 다르게 전달하는 게 이렇게 큰 차이가 있을 줄이야. 갑자기 택시를 타고 가는 내내 예정되어 있지 않았던 많은 생각이 밀려오기 시작합니다.

목적지에 도착할 때까지 기사님은 아무런 말씀도 없이 묵묵히 운전을 하시는데, 저도 내릴 때까지 별말 없이 계속 그 인사에 대해 생각했습니다. 목적지까지 기껏해야 몇 분 걸리지 않는 곳이라 금세 도착해서 택시비를 지불합니다. '데려다 주셔서 고맙습니다.' 인사를 하고 가려는데 기사님도 호탕하게 인사를 합니다.

마음을 움직이는 기본

"감사합니다. 앞으로 좋은 일 많으실 겁니다."

택시에서 내리고 나니, 택시를 탔을 때보다 더 많은 생각이 들었습니다. 뭔가 뒤통수를 한 대 얻어맞은 느낌입니다. '일하면서 이렇게 따뜻한 말 한마디를 전해주시는 분도 계시는구나.', '별 것 아닌 일상의 인사도 이렇게 상대방의 마음을 기분 좋게 만들어줄 수 있구나.'

나름 매일 하고 있는 일이 경영전략이니, 브랜드니, 마케팅이니 하면서 혹시 그동안 본질적인 무언가를 보지 못하고 놓치고 있었던 것은 아닐까, 정신이 번쩍 듭니다. 이 날 우연히 마주친 택시기사님은 늘 머리로는 알고 있지만 가슴이 잊고 있는 진실을 다시 깨닫게 해주셨습니다. 하필이면 택시도 잡히지 않았던 그 날, 짜증을 가득 내며 포기하고 돌아가려던 순간에 만난 한 대의 택시는 아직도 저의 마음속에 큰 여운으로 남아있습니다.

우리가 하는 모든 일은 궁극적으로 무엇일까요? 결국 무슨 일이든 그 시작과 끝은 사람들의 마음을 움직이는 일이 아닐까 싶습니다. 무언가를 파는 것이 대부분의 사람들이 하는 일의 목표라면, 사람들의 마음을 좀 더 풍요롭게 하는 것은 모든 일의 궁극적인 목적인 것이죠. 무언가를 팔려는 노력보다는 누군가를 풍요롭게 하려는 마음이 사람들의 마음을 움직입니다. 사람들의 마음을 움직이는 일이라는 본질적인 목적에 닿으면, 그보다 낮은 지점에 존재하는 일의 목표는 자연스레 달성됩니다.

어느 병원의 브랜드 컨설팅 프로젝트를 수행할 때의 일입니다. 여러분은 병원이라 하면 어떤 이미지가 떠오르시나요? 아마 십중팔구는 그리 호의적인 느낌이나 긍정적인 이미지가 떠오르지 않을 것입니다. 요즘 들어 부쩍 좋아지고 있지만 여전히 병원에서 겪는 일들의 대부분은 유쾌한 경험과는 거리가 먼 경우가 많습니다. 기껏 오랫동안 기다려서 만난 의사는 '나'라는 사람에 대한 인간적인 관심, 감정, 공감이 없는 경우가 대부분입니다. 많은 것을 바라는 것도 아니고 아까 택시기사님처럼 그저 따뜻한 말 한마디라도 해주면 좋으련만, 인터넷에서 치면 나오는 이야기를 기계적으로 2~3분 정도 해준 뒤 약을 처방해주는 것이 전부입니다.

그 어느 곳보다 따뜻한 말 한마디라도 더 듣고 싶은 상황에 놓여 찾아간 병원이지만, 이곳에서는 차가운 권위가 흐릅니다. 몸이 아파서 입원을 하거나 병원을 옮기게 될 경우에도 마찬가지입니다. 똑같은 검사를 왜 다시 해야 하는지, 이해가 되지 않아 한 질문에 돌아오는 대답은 "원래 그렇게 하는 것"이라는, "그냥 다시 해야 한다"는 더욱 이해할 수 없는 말 뿐입니다. 병원이라는 장소는 그렇지 않아도 몸이 아파 가는 곳인데, 이미 예민해있는 감정은 추스를 여유도 없이 날카로운 말이 되어 밖으로 튀어나오게 됩니다.

모든 병원과 의사들이 그렇다는 것은 아닙니다. 하지만 제가 지금까지 경험한 병원의 솔직한 느낌은 그랬습니다. 병원의 의사선생님들에게 제가 기억하는 그 택시기사님 정도의 배려만 있어도 환자들의 마음이 조금은 더 풍요로워지지 않을까, 하는 생각이 드는 건 어쩔 수가 없습니다.

병원에 대한 약간의 선입견은 잠시 마음속에 접어두고 프로젝트에 들어갔습니다. 컨설팅을 의뢰하는 기업이나 기관들은 다양한 문제를 가지고 프로젝트를 요청합니다. 기업들이 겪는 문제는 자명합니다. 대부분 성과가 좋지 않다는 것입니다. 보통 컨설팅을 통해 자신들의 문제가 무엇인지 문제를 정의하고 해결책을 제시해 달라고 하는 경우도 있고, 먼저 브랜드의 문제를 내보이고 이 문제를 해결할 수 있는 방향을 제시해 달라는 경우도 있습니다. 그런데 프로젝트를 의뢰한 이 병원은 조금 달랐습니다. 지금 나름대로 잘하고 있는 것 같지만, 앞으로 더 잘할 수 있도록 잠재적인 문제를 발굴하고 미리 대비

할 수 있도록 도움을 달라는 것이었습니다. 지금껏 요청받은 컨설팅 중에 가장 바람직한 경우라고 할 수 있었습니다.

그렇게 프로젝트가 시작되었습니다. 지금까지의 전반적인 경영 매출자료를 바탕으로 연평균 성장률인 CAGR^{Compound Annual Growth} Rate, 고객생애가치를 측정하기 위한 RFM^{Recency, Frequency, Monetary}분석, 마케팅 전략을 위한 7P^{product, price, place, promotion, process, physical evidence, people} 등의 기본적인 분석을 마무리했는데, 여기서 굉장히 특이한 사실을 발견하게 됩니다.

먼저 찾아오는 고객의 90%정도가 실제로 이곳을 경험한 지인들의 추천을 통해 병원을 찾았다는 것입니다. 실제로 NPS^{Net Promoter Score}라고 하는 순추천지수 조사를 실시했을 때, 고객추천지수가 웬만한 기업에서는 근처에 도달하기 어려울 만큼 높았습니다. 이 병원이 별다른 외부 마케팅 활동을 전혀 하고 있지 않은 이유를 알 것 같았습니다.

서비스를 경험한 고객이 다른 사람에게 그 서비스를 적극적으로 추천한다는 것은 해당 서비스에 대한 고객의 만족도가 높다는 뜻입니다. 그렇다면 고객들이 왜 이렇게 높은 만족도를 나타내는지 알아내야 다음 단계로 넘어갈 수 있습니다. 우리는 바로 이를 검증하기 위한 별도의 설문조사와 FGI^{Focus Group Interview}라고 하는 표적집단면접을 실시했습니다.

"고객만족도가 높은 이유는 무엇일까? 왜 사람들은 이 병원을 주변의 지인들에게 강력하게 추천하는 걸까?" 이 질문에 대한 답을 찾기 위해 다양한 가설을 세우고 다방면의 조사를 했지만 확실한 이유를 찾기는 어려웠습니다. 그런데 직접 고객 몇 명을 회사로 모시고 와서 이야기를 하던 마지막쯤에 단서를 발견하게 됩니다.

*"***님, 이 병원을 주변 사람들에게 적극적으로 추천하고 싶다고 하셨잖아요? 그런데 혹시 다른 병원도 이렇게 추천해주고 싶은 곳이 있나요?"*

제가 이렇게 질문하자 다음과 같이 대답합니다.

"아니요, 지금까지는 없는 것 같아요."

다시 질문했습니다.

"왜죠? 다른 병원도 잘하는 곳이 많잖아요.
그럼 추천할 수 있는 것 아닌가요?"

그러자 마지막에 이 여성분의 답변이 굉장히 의아했습니다.

"여기는 뭔가 인간으로서 존중받는다는 느낌이 들어요."

갑자기 생각지도 못한 이야기가 나온 것입니다. 그런데 이 말을 듣고 있던 다른 분이 한마디씩 거들기 시작합니다.

"맞아! 여기는 진료실에 들어가면 의사가 일어나서 '안녕하세요' 하고 인사해주잖아. 내가 어디 가서 의사들한테 이런 인사를 받아보겠어?"

이 말이 끝나기가 무섭게 여기저기서 똑같이 "맞아, 맞아" 하며 공감을 표시합니다. 컨설팅을 시작하기 전에는 항상 해당 상품이나 서비스를 반드시 경험해보고 본격적으로 프로젝트에 들어갑니다. 여기도 사전에 고객으로 위장해 방문하고 진료를 받아본 적이 있기에 기억을 더듬어 봤습니다. 생각해보니 진료실에 들어서자마자 의사선생님이 자리에서 일어나 거의 45도로 고개를 숙여 정중하게 "안녕하세요."라고 인사하던 장면이 떠올랐습니다.

당시를 돌이켜보면 저는 진짜 고객의 상황에 몰입하지 못하고 프로세스를 한번 살펴본다는 생각으로 임했던 것 같습니다. 제대로 된 경험을 하지 못한 것이죠. 기계적인 체험만 한 번 하고는 정말 중요한 포인트를 놓치고 마는 실수를 했던 것입니다. 다행히도 고객과의 만남에서 이런 실수를 바로잡았기에 망정이지 큰 것을 놓칠 뻔했습니다. 이 병원을 많은 사람들이 찾는 이유, 그리고 단순히 방문하는 것을 넘어 주변의 사람들에게 적극적으로 추천하는 이유, 그 이유는 뭔가 거창하고 획기적인 아이디어로 인한 것이 아니었습니다. 병원이 진료를 잘 보고 친절해야 한다는 것은 기본이고 누구나 알고 있는 상식입니다. 그런데 이곳은 기본 중에서도 진짜 기본에 해당하는 사소하지만 결코 가볍지 않은 기본을 놓치지 않은 것이죠.

이런 기본을 발견해내는 차이는 '어떻게 하면 사람들의 지갑을 열수 있을까'라는 목표가 아닌, '어떻게 사람들의 마음을 풍요롭게 할수 있을까'라는 목적의 물음을 답하는 태도에서 비롯됩니다. 사람들의 마음을 움직이는 것, 사람들의 마음을 풍요롭게 만들어주는 것은 풍부한 미사여구와 엄청난 기술이 담긴 상품이나 서비스가 아닙니다. 사람들이 진심으로 원하는 것은 따뜻한 마음이 담긴 한마디의 인사, 그 인사를 건네는 사람의 온기 그 자체인 것입니다.

이 병원의 차별화가 시작되는 지점은 바로 의사와 환자의 첫만남에서 이루어지는 "안녕하세요" 라는 단순한 인사였습니다.

"제 차에 탑승해주셔서 감사합니다."
"감사합니다. 앞으로 좋은 일 많으실 겁니다."

택시기사님이 건넨 인사 한마디는 누군가의 마음을 풍요롭게 변화시키는 의미 있는 경험이 되었습니다.

우리들의 인사는 누군가의 마음을
풍요롭게 변화시키고 있을까요?
오늘 여러분이 건넨 인사는 어땠나요?

틀,
비틀기

"상식이란, 그대가 18세 때까지 얻은 편견을 집대성한 것이다."
  – 아인슈타인

    학생들과 함께하는 시간에서 배울 수 있는 점은 무엇보다 이들이 초심을 떠올리게 만드는 사람들이라는 데 있습니다. 그래서 저는 어떤 분야든 무언가를 이제 막 시작하려는 사람들을 좋아합니다. 한번은 대학생들이 참여하는 마케팅 공모전에 심사위원으로 초대를 받았습니다. 나름 우리나라에서 가장 많은 학생들이 참여하고 또 선호하는 대외활동이라고 합니다. 치열한 경쟁을 뚫고 올라온 대학생들, 언제나 그렇듯이 이번에는 이들과 함께 어떤 영향을 주고받고 서로에게 무엇을 배울 수 있을지 잔뜩 기대를 품고 프레젠테이션이 진행되는 장소에 도착했습니다.

    역시 행사장은 시끌벅적 활기찬 에너지가 가득합니다. 같은 조의 학생들끼리 발표를 연습하는 모습, 긴장이 되는지 안절부절 못하는 친구들, 우유와 빵으로 끼니를 때우는 사람들, 이들을 바라보고 있자니 마치 저도 그들이 된 것 마냥 들뜬 기분입니다. 괜히 친해지고 싶은 마음에 이리저리 돌아다니면서 그동안 준비는 잘했는지 말도 걸어보고 응원도 해봅니다.

이 날은 총 10개의 팀이 발표를 했습니다. 각 팀당 발표에 주어진 시간은 10분, 드디어 첫 팀이 프레젠테이션을 시작합니다. 저마다 나름대로 고민했을 다양한 생각들에 귀기울이다보니 어느새 마지막 팀입니다. 이제 심사를 하려면 어쩔 수 없이 각 팀의 점수를 매겨야 하는데 여기에서부터 고민이 되기 시작합니다. 왜냐하면 모두가 우열을 가리기 어려울 정도의 비슷한 내용과 유사한 형태로 이야기했기 때문입니다. 그리고 발표를 끝까지 보면서 한 가지 재미있는 점을 찾을 수 있었습니다. 모든 팀들이 발표시간을 조금씩 초과했다는 것이었습니다.

"왜 이런 일이 발생했던 것일까요?"

아마도 10분이라는 발표 제한시간을 해석하는 문제에서부터 원인을 찾아야 할 것 같습니다. 10분 이내에 발표를 마쳐야 한다는 규칙은 문자 그대로 10분 이내에 발표를 마치는 것입니다. 10분이라는 제한시간은 그 시간 안에서 발표를 하라는 것이지, 10분을 가득 채우라는 의미는 아닙니다. 그런데 10개의 팀 중 그 어느 팀도 5분 이내, 혹은 7분 이내에 발표를 마친 팀은 없었습니다. 한 팀도 빠짐없이 10분을 가득 채우면서 준비한 내용들을 급한 마음으로 전달합니다.

물론 그 심정을 이해하지 못하는 것은 아닙니다. 10분은 무언가를 이야기하기에 부족한 시간일 수 있죠. 하나라도 준비한 것을 더 이야기하고 설명하려면 그 시간을 충분히 활용하는 것이 중요합니다. 하지만 심지어 10개의 팀 중, 단 한 팀도 9분 정도에 발표를 마친 팀이 없었다는 것은 하나의 단서를 제공합니다. 다른 장소, 다른 사람들이 제한시간 안에 발표를 하는 경우에도 마찬가지입니다. 15분이 주어져도, 30분이 주어져도 이와 똑같은 상황은 반복됩니다. 왜냐하면 바로 이들이 주어진 시간이라는 틀 안에 갇혀있기 때문입니다.

10분을 모두 채우지 않으면 성실하지 못하다는 느낌을 줄 것 같은 불안, 10분을 모두 채우지 않으면 그 시간만큼 손해를 본다는 생각. 왜 5분 안에 발표를 마칠 수 없는 걸까요? 왜 3분 안에 이야기를 마칠 수는 없었던 것일까요? 그보다 먼저 왜 그런 질문을 던지는 사람은 없었을까요? 만약 그날, 1분 이내에 발표를 마치려고 시도한 팀이 있었다면 저는 만점을 줬을 것입니다.

왜냐하면 이들은 던져진 조건에 질문을 던지고, 제한시간 10분이라는 주어진 환경을 재정의한 사람들이기 때문입니다. 이들은 "1분은 왜 안 되지?"라는 의문을 통해 기존의 관습과 정해진 틀을 다르게 해석하고 도전해보려는 사람들이기 때문입니다. 아쉽게도 이 날은 그런 생각을 가진 이들을 만나보지 못했습니다. 학생들에게 걸었던 기대가 컸던 만큼 아쉬움도 컸다는 게 솔직한 심정이었습니다.

누구든 학생들에게 주어진 무언가에서 엄청난 결과물을 내오길 기대하지 않습니다. 그런 일들은 그 일에 충분히 훈련된 사람들이 더 잘 할 수 있는 일이죠. 그렇기 때문에 당연히 학생들에게 거는 기대와 희망이라는 것은 이들의 기술적 완성도, 내용적인 수준과 결과에 대한 기대와 희망이 아닙니다.

학생은 말 그대로 배우는 사람들입니다.
그렇기 때문에 모든 학생은 실수하고 실패해도 괜찮아요.

그 누구도 배우고 있는 과정에 있는 이들에게 완벽을 요구하지 않습니다. 학생이라는 신분은 기본적으로 실수가 공식적으로 허용되는 특권을 가지고 있는 것이죠.

129
틀, 비틀기

저는 학생들이 가지고 있는 실수의 특권을 조금 더 적극적이고 뻔뻔하게 행사했으면 합니다. 실수하지 않으려고 기존의 방식을 안전하게 답습하지 않았으면 좋겠습니다. 앞으로 학생들이 직업인으로 성장해나가는 과정에서 기성세대들에게 가장 많이 듣게 될 말이 하나 있습니다.

"그거, 전에 다 해봤는데, 안 돼!"

안타깝게도 사실 이 말은 대부분의 경우 맞는 말일 가능성이 높습니다. 하지만 이 말을 쉽게 수긍하기보다는, 그때는 왜 안됐는지 왜 그럴 수밖에 없었는지 다시 따져봤으면 좋겠습니다. 그리고 지금도 여전히 그런지에 대한 의문을 끊임없이 품길 바랍니다.

누군가 확신하는 모든 것들이 다른 시대, 다른 장소, 다른 사람에게는 완전히 틀릴 수 있기 때문입니다. 이 글을 읽는 한 사람이라도 미래의 어느 시점에는 그 가능성을 의심하고 기존의 틀을 깨고 관습을 해체한 사람으로 기억되었으면 좋겠습니다. 관습과 틀을 전복시키는 질문을 품지 않는 사람은 시간이 지날수록 언제든지 쉽게 대체 가능한 대답형 인간으로 전락하게 될 테니까요.

어느 동물원 우리에 원숭이 무리가 있습니다. 원숭이들이 모여 있는 나무에 바나나를 매달아놓자 원숭이들은 저마다 바나나를 차지하려고 나무에 올랐습니다. 그런데 원숭이가 바나나 근처에 갔을 때, 물대포를 쏴서 원숭이들을 나무에서 떨어뜨립니다. 갑자기 물대포 세례를 맞고 나무에서 떨어진 원숭이들은 금방 정신을 차리고 다시 나무에 오릅니다. 또다시 같은 상황이 반복됩니다. 원숭이들이 바나나 근처에 접근했을 때, 다시 물대포를 쏴서 원숭이들을 떨어뜨립니다. 이렇게 몇 번 반복하면, 원숭이들은 바나나를 포기하고 더 이상 나무에 오르지 않게 됩니다.

원숭이들이 바나나를 포기하고 더 이상 나무에 오르지 않으면, 우리에 갇혀있는 원숭이 한 마리를 꺼내고 새로운 원숭이 한 마리를 집어넣습니다. 새로 들어온 원숭이는 바나나를 발견하고 나무에 오르려고 합니다. 그런데 기존에 물대포를 맞은 경험이 있는 원숭이들은 새로 들어온 원숭이가 나무에 오르는 것을 필사적으로 막습니다. 결국, 새로 들어온 원숭이는 나무에 올라 바나나 먹기를 포기하게 됩니다.

계속 이런 식으로 새로 온 원숭이가 바나나를 포기하면, 물대포를 맞은 경험이 있는 원숭이 가운데 한 마리를 새로운 원숭이로 바꿉니다. 똑같이 처음에는 새로 들어온 원숭이도 나무에 올라 바나나를 먹으려고 하지만, 다른 원숭이들이 올라가는 것을 막고 나면 더 이상 바나나를 먹으려고 하지 않습니다.

그런데 재미있는 것은 실제로 나무에 올라 물대포를 맞은 경험이 있는 원숭이들이 모두 나가고 나서부터입니다. 새로 들어오는 원숭이들이 나무에 올라 바나나를 먹으려고 하면 기존에 있는 원숭이들이 새로운 원숭이들이 나무에 오르는 시도를 하지 못하게 막는 것입니다. 남아 있던 모든 원숭이들이 물대포를 맞은 경험이 없는데도 말이죠. 이제 더 이상 실험자가 물대포를 쏘지 않아도 원숭이들은 아무도 나무에 올라 바나나를 먹으려고 하지 않습니다. 자신들이 나무에 오르지 않는 그 이유조차 모른 채 말이죠.

원숭이들이 더 이상 바나나에 관심을 갖지 않는 것, 이런 것이 바로 질문과 의문이 배제된 맹목적 관습입니다. 관습은 우리에게 지식과 지혜를 전달하는 역할을 하지만, 그것은 우리가 그 관습에 대해 끊임없이 의심하고 질문을 멈추지 않았을 경우입니다.

역사에는 변증법적인 질서가 존재합니다. 정반합이 그것이죠. 우리 사회 역시 작용과 반작용의 힘으로 한걸음씩 나아가게 됩니다. 기성세대는 대체적으로 기존의 관습을 지키려는 사람들입니다. 그리고 관습을 지키려는 힘은 그 자체로 결코 나쁜 것이 아닙니다. '정正'은 사회를 이루는 건강한 힘 중의 하나일 뿐입니다.

높은 수준의 균형을 위해 그것에 '반反'하는 힘도 필요합니다. 그 힘은 누구에 의해 완성될 수 있는 것일까요? 바로 학생이거나 혹은 학생의 태도로 자유롭게 기존의 질서에 날카로운 질문을 던지고 기존의 관습에 대한 회의와 의문을 품는 사람들입니다. 기존의 질서를 지키려는 힘과 이 틀을 조금씩 비틀어보려는 시도는 서로 격렬하게 충돌해야 합니다. 그래야만 현재까지 유효한 관습들을 이어가고, 그렇지 않은 관습들을 폐기하는 과정을 통해 '합合'을 이룰 수 있는 것입니다.

틀에 '반'하는 힘에는 수많은 기회가 숨어있습니다. 사업가는 비즈니스라는 틀 속에서 기회를 모색하는 사람입니다. 마케터는 새로운 관점과 색다른 시선을 통해 가능성을 만들어 내는 사람들입니다. 마케팅은 기존의 틀을 답습하는 것이 아니라, 기존의 틀을 비틀거나 전혀 새로운 틀을 생산하는 방식으로 가치를 창출합니다. 결국 브랜드는 문제를 다른 틀에서 정의할 수 있었던 질문을 던진 사람들의 것입니다. 이들이 던진 관습의 틀에 대한 질문의 틈 사이로 다름의 가치라는 기회가 찾아옵니다.

존 스튜어트 밀은 〈자유론〉에서 다음과 같이 이야기합니다.

"그저 관습이 시키는 대로 따라하기만 하는 사람은
아무런 선택도 하지 않은 것이나 다름없다."

농구에 관심이 있든 그렇지 않든 마이클 조던은 누구나 좋아하는 슈퍼스타입니다. 하지만 슈퍼스타, 황제라는 칭호는 오직 그가 농구 코트에 서 있을 때 적용되는 말입니다. 농구코트가 아니라 야구장의 규칙과 틀이 지배하는 무대에 선다면, 그는 그저 평범한 선수들 중 한 명일 뿐입니다. 그는 정확히 농구의 규칙과 틀 안에서만 자신의 능력을 발휘합니다.

누구나 그렇습니다. 자신에게 유리한 무대는 분명히 있습니다. 그 지점을 찾기 위해서는 다양한 틀로 세상을 바라볼 수 있는 용기가 필요합니다. 소위 덕질도 계속하면 업이 됩니다. 초등학생 장래희망의 상위권을 유튜버와 프로게이머가 점하고 있다고 합니다. 아프리카TV, 유튜브 방송을 하는 사람들이 대세가 될 줄 누가 알았을까요? 프로게이머라는 직업이 생길 것이라고 누가 상상할 수 있었을까요? 견고한 틀을 비틀었을 때, 기회의 틈이 생깁니다.

혹시 주어진 틀에 얽매여
헤매고 있다면,

새로운 틈을 위한 질문을
던져보는 것은 어떨까요?

결핍,
그리고 열등감

"인간을 늘 따라다니는 열등감은 위축, 불안전에 대한 느낌으로 인간의 의식 속에 항상 존재하며 자연에 적응하는 과정에서 더 좋은 방법과 더 나은 기술을 찾기 위해 생존하는 자극으로 작용한다."

 – 아들러

여기에서 혹시 중학교를 나오지 않은 분이 계신가요? 국졸이 있느냐는 말입니다. 아, 이제는 초졸이라고 해야 맞겠네요. 수없이 화려하고 다양한 스펙들이 있겠지만, 중학교가 의무교육인 요즘 같은 시대에 초졸이라는 특별한 스펙(?)을 가지고 있는 사람을 우리나라에서 찾아보는 건 흔하지 않을 것 같습니다. 그나마 제가 이런 특별함(?)에 근접한 사람 중에 한 명이 아닐까 싶네요.

저는 초등학교를 졸업하고 으레 당연히 가야하는 중학교를 가지 않았습니다. 학교라는 시스템을 거부한 것이죠. 그 나이에 무슨 대단

한 신념이나 생각 같은 것이 있었던 것은 아니지만, 그저 제도권 교육이 마음에 들지 않았습니다. 물론 굳이 말하지 않아도 짐작하시겠지만 집에서는 난리가 났습니다. 그리고 어렴풋한 기억으로 그런 선택의 이면에는 서태지와 아이들이 〈교실이데아〉라는 노래에서 "됐어! 됐어! 이제 그런 가르침은 됐어!"라며 외쳤던 대중문화의 영향도 없지 않아 있었던 것 같습니다.

이유야 어찌되었든 사회가 제시한 평균을 벗어난 비주류의 삶은 스스로 결정한 자의적인 선택이었습니다. 하지만 지금에 와서 생각해보면 남들과 조금 다르다는 것이 사회에서 이 정도의 심한 차별과 편견의 범주에서 취급될 것이라는 걸 미리 알았더라면 쉽게 용기를 내지 못했을 것 같습니다. 지금도 그렇겠지만 특히 그 당시의 검정고시라는 것은 요즘 같이 공부에 특출한 학생들이 입시를 위해 일부러 보는 유형의 것이 아니었습니다. 물론 가끔 정말 뛰어난 사람들이 과정을 빨리 마치기 위해 선택하는 경우는 있었지만, 저처럼 특출한 것 없는 평범한 사람이 검정고시를 선택하는 경우는 흔하지 않았습니다. 그런 탓에 그 당시 아르바이트를 하거나, 새로운 친구를 사귀거나, 누군가를 처음 만날 때면 항상 학교를 다니지 않는다는 사실과 이유를 긴 시간동안 주저리주저리 설명해야 했습니다. 이를 제대로 설명하지 못하고 실패하는 경우에는 어김없이 사회에 적응하지 못하는 문제아라는 편견과 낙인이 찍히고 말았습니다. 처음 만나는 사람들이 흔히 던졌던 말 중에서 그나마 저를 배려하고 물어본 질문이 "넌 대체 학교에서 무슨 사고를 저질렀니?" 라는 정도였으니까요.

사회가 쌓은 편견의 벽은 높았습니다. 이미 저는 저의 생각과 행동에 관계없이 문제아가 되어 있었습니다. 사회가 제공하는 평균의 삶이라는 범주를 벗어나는 순간부터 뭔가 잘못된 사람이라는 낙인이 찍혀버렸던 것입니다. 이런 사회적 편견의 프레임에서 겪어야 하는 차별과 곱지 않은 시선은 직접 겪어보지 않는 이상 공감하기 어렵습니다. 왜냐하면 대부분의 사람들에게 정규 교육과정은 공기와 같이 당연한 것이기 때문입니다.

그런데 그런 경험이 저에게 준 혜택이 몇 가지 있습니다. 먼저 저는 지금도 술과 담배를 하지 않습니다. 물론 못하는 것이 아니라 안 하는 것입니다. 술이야 맥주 한 잔 정도는 할 수 있지만, 일 년 중에 그런 날은 하루 정도 있을까 말까 합니다. 이렇게 술 담배를 멀리 하는 것은 그 시절 덕분입니다. 사실 학교를 가지 않았기 때문에 마음만 먹으면 술 담배를 쉽게 접할 수 있는 기회가 많았습니다. 그런데 문득 이런 생각이 들었습니다.

"내가 술 담배를 하면 사람들이 나를

진짜 문제아로 생각하지 않을까?"

 사람들의 편견에 걸맞은 기대에 부응하고 싶지 않았던 저는 오히
려 사람들의 편견을 강화시켜주는 일체의 것들을 멀리했습니다. 그
러다 보니 지금까지도 술 담배를 멀리하는 생활이 습관이 되었습니
다.

 그 시절이 저에게 준 혜택이 또 하나 있습니다. 그것은 사람들이
가지고 있는 검정고시와 최종학력에 대한 편견입니다. '최종학력 :
국민학교 졸업…' 정식으로 배우지 못해 무지할 것이라는 낯선 사람
들의 암묵적인 시선과 차별은 대학교를 졸업한 30대 초반까지 이어
졌습니다. 그런데 그런 사회적인 시선과 차별 덕분에 누구보다 열심
히 책을 읽었습니다. 사람들이 생각하는 것처럼 정규교육과정을 제
대로 밟지 않아 무지하다는 소리를 듣고 싶지는 않았습니다.

 "그래, 정상적인 삶을 사는 사람들이 도저히

 엄두가 나지 않을 정도로 많이 읽자!"

일종의 복수심 같은 독한 마음으로 스무 살부터 시작한 독서는 그로부터 거의 20년이 다 되어가는 지금까지 꾸준히 하루에 한 권의 책을 읽게 만들어준 힘이 되었습니다. 덕분에 더 넓은 세상의 생각들을 엿볼 수 있게 되었고, 깊이 사색하는 즐거움도 배우게 되었습니다. 굳이 이런 이야기를 꺼내는 이유는 제가 특별하다거나 하는 것을 드러내기 위해서가 아닙니다. 결핍의 힘이 가지는 가능성을 함께 나누기 위해 저의 지난 일들의 경험을 회상해보는 것입니다.

열등감이라는 감정의 원천은 무엇일까요? 그것은 결핍입니다. 무언가 부족할 때, 그리고 결핍의 단서가 어떤 집단이나 대상에 대한 상대적인 것일 때 열등감은 증폭됩니다. 그리고 열등감을 만들어내는 결핍에는 두 가지 종류가 있습니다. 하나는 나를 성장시키는 결핍, 다른 하나는 나를 무너뜨리는 결핍입니다.

나를 성장시키는 결핍은 비교의 대상이 외부가 아닌, 내가 생각하는 이상적인 나의 모습에 대한 차이에서 오는 결핍입니다. 이상적인 나의 모습과 현재 나의 모습 사이의 간극에서 발생하는 열등감은 스스로를 성장시키는 최고의 원동력이 됩니다. 하지만 이런 종류의 열등감을 정의할 수 있는 수준에 도달하기란 쉬운 일이 아닙니다. 이 정도로 지성의 힘을 발휘할 수 있는 사람이라면 이들은 단순한 성장을 위한 목표의 차원을 넘어, 성숙한 삶의 목적을 지향하는 사람일 것입니다.

처음에는 누구나 타인이나 외부의 무언가와 비교한 상대적인 결핍과 열등감으로 시작합니다. 나를 무너뜨리는 결핍과 열등감의 단계죠. 문제는 이 단계를 넘어 다음 단계로 향할 수 있느냐 하는 것입니다. 여기에서 중요한 것은 열등감을 어떻게 바라보는가 하는 것입니다. 열등감을 피해야 할 창피하고 수치스러운 것으로 규정하는 사람은 역설적으로 본인이 외면하고자 하는 결핍과 열등한 감정으로부터 절대 벗어날 수 없습니다.

결핍, 그리고 열등감은 피해야만 하는 파도가 아닙니다. 성장을 위해 반드시 마주해야 하는 마중물입니다.

열등감을 성숙한 삶의 목적을 위한 도구로써 활용하려면, 스스로 느끼고 있는 타인과의 상대적 비교에 의한 열등의식과 결핍을 솔직하게 인정하고 받아들이는 과정이 필요합니다. 그리고 이 과정을 통해 철저하게 자신을 무너뜨려야 합니다. 그리고 난 다음에야 스스로를 오롯이 쌓을 수 있습니다.

저에게 책을 읽는 행위는 배움에 대한 결핍, 그리고 평균적인 삶에 대한 동경이 담긴 열등감이었다는 사실을 고백하지 않을 수 없습니다. 이것을 솔직하게 받아들이기까지 오랜 시간이 걸렸습니다. 이 사실을 부정하고 저항하고 싶은 마음에 발버둥쳤던 시간들이 있었습니다. 하지만 그 시간은 사람들을 잃고, 나 자신까지 잃게 되는 결과로 돌아왔습니다.

열등감, 그리고 결핍은 우리를 그 누구보다
그 무엇보다 성장시켜 줄 인생 최고의 스승입니다.
모든 사람들의 마음 한편에 위대한 스승이 있습니다.
이를 마주하지 않을 이유가 없습니다.

만약 특별한 이유 없이 괜히 싫은 사람이 있다면 어쩌면 나 자신 때문일 수도 있습니다. 그 사람을 통해서 나의 결핍을 확인할 수 있기 때문이죠. 저는 열등감 앞에 확실하게 자신을 굴복시킬 것을 권하고 싶습니다. 그 마음을 먹은 시간 이후부터 진정한 의미의 성장이 시작됩니다. "나는 아니야!" 인정하지 않은 채로 거부하고 외면하는 데 쓸데없는 에너지를 소모할 이유가 있을까요? 우리는 더 넓고 깊은 것들을 보고 배울 수 있는 가능성이 있습니다.

제 이야기를 하나만 더 보태볼까요? 어릴 적 저의 별명 중 하나는 츄파춥스와 솜사탕이었습니다. 귀여운 별명이라고 생각하실지 모르겠지만 저는 이 별명이 너무나도 싫었습니다. 왜냐하면 츄파춥스처럼, 솜사탕처럼 머리만 크고 몸은 왜소하다는 뜻이었기 때문입니다. 그 별명이 너무 싫었지만 어쩔 수 있나요? 어떤 방법으로도 머리 크기를 줄일 수는 없는 노릇입니다. 그래서 운동을 시작했습니다. 어쩔 수 없는 머리는 그대로 두더라도 몸집을 키우면 상대적으로 얼굴이 작아 보일 수 있을 테니까요.

지금은 누군가에게 과거의 별명과 이유를 이렇게 직접 설명해도 잘 믿지 않습니다. 저의 골격 자체가 왜소하기보다는 덩치가 있다고 생각하실 테니까요. 10년이 넘는 시간동안 운동을 꾸준히 하다 보니 조금씩 체형이 바뀌었습니다. 제가 가지고 있는 몸에 대한 열등감과 결핍이 오히려 이제는 평균 이상의 강점이 되었습니다.

아마 결핍을 느끼지 않았더라면, 열등감이 없었다면 그렇게 열심히 운동을 할 수 없었을 것입니다. 제가 중간에 포기하지 않았던 것은 이 일이 쉬워서가 아닙니다. 도중에 계속 포기하고 싶은 순간들이 있었지만, 내가 왜 운동을 해야 하는지에 대한 그 누구보다 분명한 이유가 있었기에 운동을 지속할 수 있었습니다.

독서도 마찬가지입니다. 열등감과 결핍이 없었다면 그렇게 오랜 시간 동안 책과 함께할 수 없었을 겁니다. 제가 중간에 포기하지 않았던 것은 이 일이 쉬워서가 아닙니다. 너무 힘들고 어려웠지만, 내가 왜 책을 읽어야만 하는지에 대한 누구보다 분명한 이유가 있었기에 가능한 일이었습니다. 그 덕분에 이제는 단순히 혼자 책을 읽고 사색하는 것을 넘어, 직접 글을 쓰고 책을 내어 사람들과 함께 생각을 나눌 수 있는 기회가 주어진 것입니다.

열등감은 그것을 왜 해야 하는지 뿐만 아니라,
왜 해내야만 하는지에 대한 분명한 이유를 제공합니다.

열등감이 있다는 것은 다른 누군가가 마음속에서 인위적으로 모방할 수 없는 특수한 에너지의 원천을 가지고 있다는 것입니다. 아이러니하게도 결핍이 내재되어 있는 사람은 그 결핍과 열등감을 가진 분야에서 최고가 될 수 있는 가능성이 매우 높은 사람입니다. 열등감이 있는 사람이 그것을 극복하기 위해 하는 일에는 강력한 실행의 동기가 내재되어 있습니다. 그 일을 포기하지 않아야 할 이유가 있습니다. 이들은 그것을 반드시 달성해야 할 목적의식이 뚜렷하기 때문입니다.

이렇게 자신을 무너뜨리는 과정을 겪고 난 후에, 자연스럽게 그 열등감의 방향은 나를 향하게 됩니다. 비로소 이상적인 나의 모습에 대한 스스로의 열등감이 내 안에서 피어오르게 되는 것입니다.

대부분의 사회적 현상과 트렌드의 작동원리도 이와 다르지 않습니다. 워라밸이란 단어가 유행하는 이유는 많은 사람들의 마음속에 저녁이 있는 삶에 대한 결핍이 존재한다는 증거입니다. 인스타그램에 은근한 자랑과 과시가 담긴 사진을 보면 반대로 그 사진을 올린 사람의 결핍이 무엇인지 쉽게 관찰할 수 있게 됩니다. 정의에 대한 콘텐츠가 유행하는 사회는 정의가 결핍된 사회일 확률이 높습니다.

사회를 관찰하고, 여기에서 문제를 발견하는 방식 중에 인간의 결핍에 주목하는 방식은 실제로 브랜드.마케팅을 다루는 현업에서 굉장히 유용한 시사점을 주는 경우가 많습니다. 이것이 바로 고객문제인 셈이죠. 우리에게 열등감을 불러일으키는 모든 결핍의 증거들 속에 브랜드의 기회, 성장의 가능성이 숨어있습니다. 각자의 마음 안에 있는 결핍, 열등감을 조심스레 꺼내어보면 어떨까요? 이를 감사한 마음으로 마주하고 지혜롭게 극복하는 방법을 찾는 방향으로 생각과 마음의 촉수를 더듬어본다면 내일은 오늘보다 조금은 더 나아질 수 있지 않을까요?

열등감이라는
불편을 마주하고,

꺼내어 볼 수 있는
용기를 가진

여러분이 되길
소망합니다.

결핍, 그리고 열등감

꾸밈없는
브랜드의 통찰

가끔은
살짝 비뚤어진 각도로
생각의 조각들을
배열하곤 합니다.

흩어진 조각, 여백의 틈
사이로 지식의 틀에서
발견하지 못한 진실을
찾게 되는 경우도
있거든요.

감정을
이끌어내는 무언가

"무용은 보는 사람들로 하여금 몸을 움직이고 싶게 만드는 것이다."
— 이사도라 덩컨

영국의 밴드 퀸Queen의 리드보컬 프레디 머큐리Freddie Mercury의 삶
을 다룬 영화, 〈보헤미안 랩소디Bohemian Rhapsody〉가 2018년 개봉하
여 크게 흥행을 합니다. 아무래도 단순 흥행을 넘어 신드롬을 낳았다
고 보는 편이 좀 더 정확할 것 같습니다. 이 영화를 본 많은 사람들이
혼자만의 공간에서 갑자기 엄마를 찾기 시작합니다.

"마마MAMA~ 우~우~~우~"

이렇게 혼자 흥얼거리면서 영화의 여운을 즐기며 그 순간을 회상
합니다. 제 주변의 아직 말도 제대로 못하는 겨우 갓 세 살 난 어린아
이까지 그 멜로디를 흥얼거리는 걸 보면 집에서 얼마나 많은 간접경

험을 했을지 짐작이 가능할 정도입니다. 저도 영화를 본 후 며칠 동안 차에서 퀸의 음악을 크게 틀어놓고 영화 속 장면을 상상하며 회상에 젖었던 기억이 납니다.

많은 장면들이 떠오르지만, 특히 1985년 웸블리 스타디움^{Wembley} ^{Stadium}에서 있었던 라이브 에이드$^{Live\ Aid}$를 재현한 장면은 소름이 끼칠 정도입니다. 이를 놓칠세라 극장에서는 영화 속 공연 장면에서 관객이 노래를 함께 따라 부르는, 일명 떼창이 가능한 상영관을 만들어 마케팅하기까지 합니다. 극장에서도 공연장에서처럼 합법적(?)으로 노래를 따라 부르고 춤을 출 수 있도록 허용된 것이죠. 영화 한 편이 얼마나 많은 사람들로 하여금 공연을 함께 즐기고 노래를 따라 부르고 그 시절을 추억하고 싶은 마음을 불러일으킬 수 있는지 알게 해준 셈입니다.

음악에는 우리의 몸과 마음을 움직이는 힘이 있습니다. 우선 과거를 회상하게 만드는 힘이 있습니다. 그때 그 시절의 음악을 듣고 있으면 당시의 추억이 자연스럽게 떠오릅니다. 음악은 추억을 저장하고 언제든지 꺼내어 볼 수 있게 만들어줍니다. 음악은 우리를 춤추게 만들고, 우리를 눈물짓게 하기도 합니다.

몸과 마음을 움직이는 것은 음악만이 아닙니다. 사람들은 저마다의 취향에 따라 나를 움직이는 무언가를 발견합니다. 나이키의 조던 농구화를 보면 갑자기 농구코트에서 몸을 움직이고 싶은 사람들이 있습니다. 특히 이들의 뇌는 마이클 조던과 그가 신었던 운동화를 보면 갑자기 활성화되면서 마치 자신도 당장 마이클 조던처럼 화려하게 코트를 누빌 수 있을 것 같은 마음이 꿈틀거리기 시작합니다.

어떤 사람들에게서는 화장품을 보면 더 아름다워지고 싶은 욕망이 작동합니다. 전지현이 들고 있는 화장품 광고를 보면서 한 번쯤은 전지현에게 오버랩되어 있는 자신의 모습을 상상합니다. 저는 좀 다른 경우지만 〈아저씨〉라는 영화가 나왔을 때 그런 상상을 해봤습니다. 마치 내가 아저씨 속 원빈이 되는 말도 안 되는 상상을 말이죠.

누군가는 자동차 엔진에서 나오는 적당한 진동과 배기음이 웬만한 음악보다 아름답다고 표현합니다. 이들에겐 차체에 전달되는 진동과 엔진에서 뿜어져 나오는 배기음이 영감을 불러일으키는 뮤즈입니다. 그래서 자동차를 보면 더 빨리 달리고 싶은 욕망에 사로잡힙니다. 그리고는 녀석을 잘 다뤄서 자신의 충실한 애마로 길들이길 소망하죠.

또 다른 사람은 만년필 등의 펜과 노트들을 보면 발걸음을 멈춥니다. 요즘 같은 시대에 종이와 펜을 얼마나 사용한다고, 큰 쓸모도 없어 보이는 고가의 펜과 노트가 진열된 매장을 두리번거립니다. 저도 그런 사람 중 한 명인데, 이렇게 기웃거리는 것만으로도 무언가를 쓰고 싶은 욕구가 마구 차오릅니다. 더구나 피카소, 톨스토이 등의 유명한 화가나 작가들이 사용했다는 도구들은 왠지 모를 감성을 불러일으킵니다. 마치 나도 그들이 사용했던 도구를 사용하면 그들처럼 될 수 있을 것 같은 느낌 말입니다.

영화는 영화 같은 삶을 꿈꾸는 사람들의 마음을 자극합니다. 음악은 몸을 움직이고 싶게 만들거나 추억을 회상하게 합니다. 운동화는 땀 냄새를 그립게 만들고, 화장품은 아름다움을 욕망하게 만드는 힘이 있습니다. 또한 '쓰기'라는 행위를 통해 주어진 삶과 시간의 한계를 초월하고 싶은 작가의 본능을 끌어내는 것은 펜과 노트가 가진 진정한 힘이 아닐까요?

소비의 행위를 작동하게 만드는 기재의 내면에는 우리 안에 이미 존재하는 욕망의 무언가를 자극하는 방아쇠가 탑재되어 있습니다. 브랜드는 마음속에 숨어있는 소비의 방아쇠를 당길 수 있도록 우리들의 무언가를 자극합니다. 단순히 구매해야 할 이유가 아니라 행동하고 싶은 마음을 불러일으킵니다.

"마케팅이 지갑을 여는 것이라면 브랜드는 마음을 열게 하는 것이다."

"마케팅이 머리를 겨냥한다면 브랜드는 심장을 향하는 것이다."

일반적으로 이 정도의 수식이 브랜드를 표현하는 적당한 정의에 가까울 것 같습니다. 아마 이런 식으로 브랜드와 마케팅을 구별하면 이 분야의 사람들에게 꽤나 그럴듯한 말로 분류되는 모양입니다. 하지만 이들은 상호보완적인 성격을 가진 단어입니다. 따라서 마케팅과 브랜드를 따로 구분하기 시작하면 이야기의 본질을 흐린 채, 각각의 의미를 그럴듯하게 정의하기 위한 형용에만 치우친 수식이 될 가능성이 높아집니다. 저는 장식적인 표현보다 전달하고자 하는 의미에 초점을 맞추기 위해 의도적으로 이 두 가지의 활동을 엄격하게 구분하지 않고 "사람들의 몸을 움직이게 하거나, 어떠한 마음을 불러일으키는 상징적인 표식" 정도로 정의하고 이야기를 이어가고자 합니다.

오늘을 살아가고 있는 사람들에게 특별한 영감을 주는 브랜드들이 있습니다. 이들은 우리들의 삶과 일상, 행동과 사고방식에 큰 영향력을 행사하고 있습니다. 가만히 생각해보면 영향력이라는 표현보다 차라리 지배력이라는 표현이 더 어울릴지 모르겠습니다. 브랜드는 이미 우리의 일상에 깊숙하게 침투하여 입고 먹고 마시고 경험하는 삶의 모든 순간을 함께하고 있습니다.

스타벅스는 커피를 매개로 일상의 시간이 카페라는 문화로 풍요로워져야 함을 역설하며 사람들의 행동과 생각, 시간에 적극적으로 개입합니다. 나이키는 경쟁과 승리에 대한 인간의 본능을 상기시킵니다. 그들의 철학이 사람들의 삶을 더욱 건강하게 변화시킬 수 있다는 메시지와 함께 사람들의 라이프스타일에서 운동 점유율을 높여 우리들의 삶과 일상에 개입하고자 합니다.

애플은 어땠을까요? 질서정연하고 견고하게 짜여있는 전통적 상식과 관습이라는 담수로 채워진 거대한 호수에 아이폰이라는 혁신의 돌팔매질로 새로운 물결을 만들어냅니다. 이를 통해 다른 생각의 가치들이 사람들의 삶과 시간을 더 풍요롭게 채워줄 것임을 약속하고 있습니다(물론 지금도 여전히 그런 브랜드인지 의문이긴 하지만요). 이처럼 우리들이 인지하고 있는 수많은 브랜드들은 우리의 삶에 영향력을 행사하기 위해 끊임없는 대화와 소통을 시도하고 있습니다.

우리의 삶에 적극적으로 개입하는 브랜드, 우리의 시간을 좀 더 가치 있게 채워주는 브랜드, 우리들의 생각을 일깨워주는 브랜드, 그렇게 새롭게 시대를 정의하고 이끌어나가는 브랜드. 이만큼의 영향을 미치는 브랜드를 우리는 가치 있는 브랜드라고 정의해도 좋을 것 같습니다. 지금 여러분의 마음속에는 어떤 종류의 가치 있는 브랜드들이 떠오르시나요?

앞서 언급한 브랜드들이 아니어도 좋습니다. 누군가에겐 이런 브랜드가 지루하게 느껴질 수도 있습니다. 각자의 마음속에 이외에도 다양한 브랜드가 떠오를 수 있습니다. 지금 마음속에 떠오르는 가치 있는 브랜드를 상상하며 다음의 질문에 답해보시면 어떨까요?

'지금 머릿속에 떠오르는 가치 있는(영향력을 행사하는) 브랜드에는 어떤 공통점과 특이점이 있을까요?'

이 질문에 대한 대답과 생각이 브랜드가 되어간다는 것에 대한 힌트가 될 수 있습니다. 우리보다 먼저 이 질문을 고민한 학자들이 있습니다. 대표적으로 데이비드 아커[David A. Aaker], 케빈레인 켈러[Kevin Lane Keller], 장 노엘 캐퍼러[Jean Noel Kapferer]와 같은 학자들입니다. 이 세 명의 학자들은 세계적인 브랜드 석학이라는 수식어가 따라붙는 브랜드 연구의 선구자들입니다. 이들은 브랜드의 개념을 학문적으로 정리하여, 지금까지도 학문과 실무의 기준점을 제시하고 있는 연구자들이기도 합니다. 이들을 비롯한 다양한 분야의 연구자들이 공통적으로 언급하는 가치 있는 브랜드의 공통점과 특이점은 다음의 몇 가지 키워드로 정리할 수 있습니다.

유용성 . 희소성 . 독특성 . 모방 가능성 . 생명력과 생동감 .
진화 . 관계와 소통 . 가치 있는 경험 . 퍼스널리티 . 차별화

먼저 유용성입니다. 유용성은 가치 있는 브랜드의 필수요소입니다. 제아무리 다른 요소들이 충족된다 해도 유용성, 즉 쓸모가 없다면 '가치' 있는 브랜드라는 단어를 성립시키지 못합니다. 고객들이 얻을 수 있는 기능적, 정서적, 상징적, 경험적 편익이 높을수록, 그리고 고객들이 지불해야 하는 경제적, 시간적, 신체적, 심리적 비용은 낮을수록 많은 사람들에게 가치 있는 상품 · 서비스를 제공할 수 있습니다. 그런데 이것만이 아닙니다. 유용성과 동시에 희소하고, 독특하며, 경쟁사 혹은 아직 시장에 진입하지 않았지만 앞으로 우리의 경쟁사가 될 가능성이 있는 잠재적인 진입자가 모방하기 어려운 상품 · 서비스를 제공해야 합니다. 이것을 경영전략에서는 '모방 가능성이 낮다' 라고 표현합니다.

다른 누군가 모방하기 어려운 상품 · 서비스를 제공하는 브랜드는 특수한 속성을 지니고 있습니다. 예를 들어 시계 본연의 기능이라고 할 수 있는 시간의 표시, 스마트폰의 전화기능과 속도, 자동차의 속도와 연비, 커피나 와인, 위스키의 맛 등은 기능적 항목이라고 할 수 있는데, 이런 요소들은 다른 브랜드의 경쟁사들이 상대적으로 모방하기 쉬운 요소들이며 절대적인 품질수준에서 유의미한 차이를 생산해내기 어려운 항목입니다.

따라서 가치 있는 브랜드는 단순히 도구적 필요의 차원이 아닌 정서적, 상징적 유대를 통해 사람들과 교감합니다. 이들이 마치 살아있는 듯한 생물인 듯 자신들의 가치와 존재의 의미를 생동감 있게 전달합니다. 따라서 가치 있는 브랜드는 자신들이 속한 사회와 사람들, 그리고 문화와 끊임없이 관계를 맺고 소통하며 시간과 장소에 따라 적합한 형태로 적응할 수 있도록 스스로 진화합니다.

물론 이런 진화의 과정에서 함께 교류하는 다양한 이해관계자[사회, 조직 구성원, 고객]들에게 가치 있는 메시지와 경험을 제공하지 못하면 도태되고 맙니다. 일련의 과정들을 반복하면서 브랜드는 그에 어울리는 형태와 특정한 성격을 형성하게 됩니다. 예를 들어볼까요? 카카오 하면 대표적인 노란색의 컬러, 그리고 왠지 뒤뚱거리며 뭐라고 중얼거릴 것만 라이언과 볼을 꼬집어주고 싶을 정도로 귀여운 프렌즈 캐릭

터들이 떠오릅니다. 그렇다면 끊임없이 불가능에 도전하고 때론 무모해보이기까지 하는 모험을 감수하는 이미지와 잘 어울리는 브랜드는요? 도심이 한눈에 내려다보이는 오피스, 잘 빼입은 수트를 입은 비즈니스맨은 왜 카카오나 레드불이 아닌 몽블랑과 같은 브랜드가 떠오르는 것일까요?

이렇게 사람들의 마음속에서 연상되는 브랜드의 느낌과 이미지가 브랜드 퍼스널리티, 다시 말해 브랜드의 개성 또는 성격입니다. 개성과 성격은 브랜드를 규정짓는 가장 필수적인 요소입니다. 왜냐하면 우리가 차별화라고 이야기하는 모든 전략의 출발점이 바로 개성과 성격에서 출발하기 때문입니다.

"나라는 브랜드는
어떤 자기다움을 이야기 하고 있을까요?"

"나라는 브랜드는
사람들에게 어떤 감정을 불러일으키는 브랜드입니까?"

무언가 아닌
누군가

"나 답지 않은 모습으로 사랑받을 바에는 본연의 내 모습 때문에 미움 받는 게 낫다."

– 커트 코베인

가치 있는 브랜드는 분명한 성격을 드러냅니다. 그리고 그 성격은 유용하고 희소하며 독특하고 모방하기 어려운 특징을 가지고 있습니다. 우리는 이런 요소들을 차별화라고 표현합니다. 케빈 로버츠^{Kevin Roberts}는 이런 브랜드를 러브마크라고 이름 붙이기도 했습니다. 우리가 궁극적으로 만들어가고 싶은 브랜드는 아마도 러브마크 브랜드일 겁니다. 다시 떠올려볼까요? 앞서 언급한 가치 있는 브랜드, 차별화 브랜드, 혹은 러브마크의 조건은 무엇이었나요?

유용성 . 희소성 . 독특성 . 모방 가능성 . 생명력과 생동감 .

진화 . 관계와 소통 . 가치 있는 경험 . 퍼스널리티 . 차별화

세상에는 위의 조건에 부합하는 셀 수 없이 다양한 브랜드들이 있습니다. 그런데 흔히 언급하지 않은 브랜드 가운데 이런 조건에 완벽하게 부합하는 브랜드가 있습니다. 이 브랜드는 그 자체로 완전히 유용하고 희소하며 독특합니다. 어떤 방법으로도 절대 모방할 수 없는 완벽한 생명력과 생동감을 가지고 있습니다. 시간에 따라 자연스럽게 진화하고 성장합니다. 다양한 관계를 맺고 소통하지 않으면 스스로 버틸 수가 없습니다. 가치 있는 경험을 누군가와 이야기하고 나누고 제공하며 심지어 적극적으로 귀 기울이고 공감하기도 합니다. 저마다 다른 성격의 퍼스널리티^{개성, 성격}를 가지고 있기도 하죠. 어떤 브랜드인지 짐작이 가시나요? 혹시 눈치 채셨는지도 모르겠습니다. 맞습니다.

세상에서 가장 가치 있는 브랜드,
바로 '나' 라는 브랜드입니다.

가만히 생각해보면 가치 있는 브랜드가 지향하는 모든 조건들은 이미 우리가 태어날 때부터 가지고 있는, 우리에게는 지극히 선천적이고 당연한 것들입니다. 세상 그 어디에도 여러분의 이름만큼 완벽한 브랜드 요소를 가지고 있는 브랜드는 없습니다. 물론 앞으로도 그럴 것이 분명하고요.

'어떻게 하면 브랜드에 인간다움을 담을 수 있을까?'

모든 브랜드가 지향하고자 하는 궁극적 모습은 바로 인간입니다. 수많은 브랜드들이 천문학적인 비용을 써가며 커뮤니케이션하는 이유도 역시 마찬가지입니다. 실제 인간처럼 느껴지는 브랜드를 만들기 위해서입니다. 왜 브랜드는 인간이 되고 싶은 걸까요?

모든 인간은 저마다 다르게 태어납니다. 태어날 때부터 이미 차별화되어 있는 존재인 것이죠. 또한 인간은 스스로가 느끼는 다양한 감정의 에너지를 타인에게 온전히 전달할 수 있는 유일한 감성의 전도체입니다.

인간은 반드시 인간과 사랑에 빠집니다.

물론 예외라고 생각되는 경우도 떠오를 수 있습니다. 영화에서처럼 로봇과 사랑에 빠질 수도 있고, 동물들과 특수한 감정을 나누기도 합니다. 때로는 특정 브랜드를 사랑하는 마음이 생기기도 하죠. 다만 여기에는 한 가지 조건이 있습니다. 로봇, 동물, 브랜드에게서 인간에게서 느낄 수 있는 무언가를 느끼거나 인간의 체온과 같은 온기를 감지하거나, 혹은 인간이 가지고 있는 고유한 특성을 이들에게서 발견할 수 있어야 한다는 것입니다.

인간이 감정을 이입하고 공감을 투영하는 대상은 반드시 그 대상을 인간화함으로써 해석이 이루어집니다. 예를 들어 강아지를 키우는 사람들이 강아지의 특정한 행동이나 표현들을 해석할 때, 그 해석은 지극히 인간이 느끼는 주관적인 감정과 공감을 바탕으로 하는 자의적인 것입니다. 어떠한 브랜드에 대한 애착이나 감정도 마찬가지입니다.

사실 브랜드는 실제로는 존재하지 않는 것입니다. 우리가 알고 있는 애플이라는 브랜드는 가상의 개념일 뿐입니다. 누군가 애플이라는 브랜드의 허구적 표식에 의미를 부여했고, 우리는 그 가상적 허구의 개념을 실체로 믿고 있는 것일 뿐이죠. 그런데 허구의 개념을 통해 믿음을 생산하고 소비하는 능력은 오직 인간만이 가질 수 있는 특별한 능력이라고 합니다. 이런 인간의 고유한 능력 덕분에 브랜드라는 개념이 사람들에게 받아들여질 수 있는 것이죠.

〈사피엔스〉의 저자 유발 하라리는 인류가 대규모 공동체의 질서를 유지할 수 있는 원천이자 다른 유인원과 구별되는 인간의 특이점을 두 가지로 이야기합니다. 하나는 허구를 말하고 창조하는 능력, 그리고 또 하나는 허구의 이야기에 믿음을 부여하는 능력입니다. 이처럼 허구적 믿음을 생산하고 소비할 수 있을 정도로 고도화된 인간의 지적능력은 그것이 없었다면 통제 불가능했을 수많은 집단의 사회화를 가능하게 만들어주는 역할을 하고 있다는 것이죠. 수많은 사람들이 사회에서 함께 협력하고 질서를 유지할 수 있었던 기적은 자연히 발생한 것이 아닙니다. 수천만 마리의 침팬지와 원숭이가 한데 모여 있다면 어떨까요? 생각만으로도 혼란스럽습니다. 하지만 인간은 실제로 수십, 수백, 수천만이 모여 있어도 질서와 안정을 유지할 수 있는 능력이 있습니다. 이런 능력은 도덕, 윤리, 인권을 비롯한 사회적 관습과 종교 등을 통해 공동체의 질서와 암묵적인 합의에 의한 담론을 형성할 수 있는 인간지능의 특수성 덕분입니다.

형이상학적인 가상의 개념을 창조하고 이에 대한 믿음을 가질 수 있다는 특질 덕분에, 인간은 사자나 코끼리, 늑대 등 여타의 다른 종에 비해 절대적으로 열등한 신체조건에도 불구하고 공동체를 통해 먹이사슬의 최상단에 위치하는 지구의 절대적 지배자로 거듭날 수 있었습니다. 물론 이런 인간의 특질이 언제나 좋은 방향으로만 작용했던 것은 아닙니다. 모든 작용에는 반작용이 따릅니다. 이를 악용하거나 혹은 맹목적 믿음과 신념으로 인해 감수해야만 했던 전쟁의 역사만 보더라도 말이죠.

자신이 키운 믿음 안에 미신이 자리 잡고 있다고 스스로 폄하할 사람은 없습니다. 브랜드라는 허구적 진실도 이렇게 탄생하게 됩니다. 사실 허구의 개념은 우리가 살고 있는 세계를 무척이나 견고하게 감싸고 있습니다.

국가, 사회, 제도, 인권, 자유,
평등, 경제, 화폐, 도덕, 종교…

알고보면 무엇 하나 이렇다 할 실체가 있는 것이 하나도 없습니다. 화폐의 가치는 어디에서 비롯되는 것일까요? 국가의 개념은 어디에 어떻게 존재하는 것일까요? 공동체가 절대선이라고 한 치의 의심 없이 믿고 있는 인권, 자유, 평등, 도덕은 누가 왜 그렇게 정의했으며, 우리는 왜 그것들을 마땅히 그러한 것이라 여기는지요? 이 모든 형이상학적인 질문을 한 치의 의심도 없이 단정하고 정의를 내리게 하는 지성의 원천은 바로 인간의 상상과 믿음이라는 체계와 시스템입니다.

인간의 상상과 믿음을 작동시키는 이러한 운영체제 덕분에 우리는 법이라는 허구의 토대 위에 가상의 인격을 부여한 법인을 만들고, 신용이라는 믿음을 바탕으로 인쇄된 종이와 여기에 찍혀 있는 숫자를 숭배합니다. 나아가 누군가 우리 모두 컴퓨터 모니터와 스마트폰 화면 속 은행에 적혀 있는 숫자를 화폐라고 믿자고 제안하자 모두가 이를 따르기 시작합니다.

이 시스템과 운영체제로 금융이라는 또 다른 프로그램이 작동합니다. 그런데 놀랍게도 이런 허구적 상상과 믿음을 원동력으로 작동하는 프로그램들은 아파트를 짓고 비행기를 만들고 우주를 탐험하며 상상이 아닌 실재의 세계를 바꾸는 역할을 하게 됩니다. 이런 인간의 상상과 믿음이 얼마나 강력한 힘을 발휘하는지 새삼스레 실감하게 되는데요. 과거에서 현대로 시간이라는 하드웨어만 변화되었을 뿐, 오늘날의 우리는 여전히 원시의 토테미즘, 애니미즘, 샤머니즘의 세계와 별반 다르지 않은 소프트웨어 안에 살고 있습니다.

허구의 질서로 코딩 되어 있는 프로그램은 상상과 믿음이라는 정령이 공급하는 에너지를 토대 삼아, 인간의 감각과 행동을 조작하여 사회적 담론을 형성합니다.

브랜드 역시 위와 같은 프로세스로 창조되는 사회적 담론입니다.

따라서 브랜드의 속성은 화폐 등과 마찬가지로 허구를 통한 상상과 믿음의 산물입니다. 아무도 믿지 않으면 아무것도 아닌 것이 되어버리지만, 모두가 믿기 시작하면 상상할 수 없는 가치가 생겨나기 시작합니다.

가치는 관습을 만들어내고, 관습이 몸에 배어 재현되면 윤리와 도덕이 됩니다. 인권, 자유, 평등, 박애라는 단어의 가치가 마땅히 따라야 할 보편적 상식이 되고, 이것들이 실제의 세계를 만들고 운영하는 가치체계가 됩니다. 허구에 대한 우리들의 상상과 믿음은, 존재하는 모든 것에 지대한 영향을 미치고 있습니다.

가치 있는 브랜드는 우리들을 상식적인 삶의 방식으로 안내합니다. 커피를 마시는 일이 일상이 되었습니다. 스마트폰으로 뉴스를 보는 것이 상식이 되었습니다. 겨울에 롱패딩을 툭하고 걸쳐 입고 나가는 것이 보통의 일이 되었습니다. 음악을 듣고 운동을 하고 여행을 떠나는 것이 우리에게 자연스러운 일상이 되었습니다.

누군가 이것을 라이프 스타일이라고 정의하고, 다른 누군가 그것을 믿기 시작하면 진짜 라이프 스타일이 되는 것입니다. 이것은 브랜드라는 프로그램이 가지고 있는 힘이자 가능성입니다.

가치 있는 브랜드는 존재가치를 구성하는
본질과 철학, 즉 허구를 통한 상상과 믿음으로
빚어진 진실의 조각입니다.

진실이라고 믿고 싶은 표상인 것이죠.

이렇듯 우리는 허구를 이야기하고 허구에 대한 믿음을 가질 수 있는 고도의 지적 존재입니다. 브랜드 역시 인간의 이러한 능력을 바탕으로 성립되는 개념입니다. 다만 브랜드라는 허구적 개념이 인간다운 무언가를 보여줄 경우 더 큰 믿음을 갖게 만들기 쉽다는 점에 주목해야 합니다.

누군가 "요즘 애플은 혁신을 잃은 것 같아." 라고 이야기합니다. 심지어 가방, 자동차 등 다양한 브랜드에 인격을 부여하며 마치 사람을 가리키듯 "얘네", "이 녀석들", 하고 부르기도 합니다. 실제로 존재하지도 않는 허구의 이미지를 의인화하여 감정을 이입하는 것입니다.

브랜드를 다루는 사람들이 추구해야 할 일의 역할과 방향은 단순합니다. 인간에 대한 인간의 끌림, 이 본능적 끌림의 힘을 브랜드라는 허구에 이입시켜 사람들의 마음속에 실재하도록 만드는 것이죠. 브랜드에 참여하고 브랜드를 이끌어가는 사람들은 가상현실에 존재하는 가상의 인격을 완성해나가는 창조자라고 할 수 있습니다. 모든 브랜드는 사람이 되어가고자 합니다. 그리고 가치 있는 브랜드는 자신들의 브랜드에 인격을 부여하는 것이 차별화를 위한 가장 효과적인 방법임을 누구보다 잘 알고 있습니다.

지금 이 글을 읽고 있는 여러분이야말로 차별화를 원하는 모든 브랜드들의 지향점입니다. 하지만 가만히 살펴보면 아이러니한 부분이 있습니다. 가치 있는 브랜드는 인간처럼 되기 위해, 가치 있는 차별화를 이루기 위해 노력합니다. 하지만 정작 그런 브랜드들이 그렇게 닮아가고 싶어 하는 인간, 선천적으로 차별적인 존재로 태어난 각자의 개인들은 가치 있는 브랜드들이 하고 있는 노력과는 정반대 방향으로 가기 위해 노력합니다. 단적인 예로 회사에 지원하는 사람들의 이력서를 볼 때면 놀라는 경우가 많습니다. 기재한 내용과 경력, 경험, 자격증까지 놀라울 정도로 비슷합니다. 심지어 이력서의 이름과 사진만 빼면 누가 누구인지 구별이 안 갈 정도입니다.

가치 있는 브랜드는 차별화를 위해 부단히 애쓰지만,

대부분의 사람들은 다른 사람들과 최대한 비슷해지기 위해,

차별화가 아닌 동일화를 위해 많은 힘을 쏟아붓고 있습니다.

여기에도 나름의 이유는 있습니다. 그동안 인류에게는 생존을 위한 동일화가 필요했기 때문입니다. 인류의 역사에서 한 개인이 자신이 속한 무리에서 벗어나는 것은 생존에 위협을 받는 심각한 위험요소였습니다. 혼자의 힘으로는 살아남을 수 있는 방법이 없었기 때문입니다. 한 명의 인간보다 더 힘이 세고 강한 동물을 어떻게 포획할수 있었을까요? 수렵채집사회에서 낮에는 함께 사냥을 해야 했고, 밤에는 안전한 수면을 위해 누군가는 망을 보아야 했을 겁니다.

농경사회에 접어들어서는 대규모의 노동력이 필요하게 되었습니다. 수렵채집사회보다 훨씬 큰 규모의 집단생활이 시작된 것이죠. 더구나 이제 먹을 것을 찾아 떠돌아다닐 필요가 없는 상황이 됩니다. 그리고 안정적인 생활을 위해서 혹시 모를 가뭄이나 흉년에 대비해 식량을 저장하는 동시에 외부세력으로부터 자신들의 식량을 지키기 위한 공동체로 자리잡게 됩니다. 이런 공동체를 유지하기 위해서는 구성원들을 동일한 생활양식과 가치관으로 한데 묶어 강한 유대감을

형성하는 것이 무엇보다 중요했습니다. 다양한 생산이 불가능했고, 따라서 다양한 생활을 상상할 수 없었습니다. 그런즉 다양한 사고를 가능하게 하는 언어가 없었고, 언어의 부재는 다양한 생각의 부재로 이어졌습니다.

인류가 지금까지 생존해온 방식과 역사를 너무 압축적으로 이야기했나요? 하나만 기억하시면 될 것 같습니다. 인류는 지난 수천수만 년간, 효율성과 생존을 위해 필연적으로 '동일화'라는 방법을 선택할 수밖에 없었습니다. 이런 측면에서 볼 때, 동일화에 대한 선호는 지금까지의 인간에게는 본능에 가까운 생존습관과도 같은 것입니다.

하지만 산업혁명 이후 사회는 급격한 변화의 물결을 맞이하게 됩니다. 제임스 와트James Watt의 증기기관으로 인해 기계식 방직기가 도입되면서 대량생산의 시대가 열립니다. 이후 증기기관을 이용한 열차가 영국에서 최초로 상용화되어 전 세계에 철로가 깔리게 되었죠. 이를 계기로 교역이 활발해지고 사람들이 먼 거리를 자유롭게 이동하게 되면서 다양한 문화들이 어우러지고 보편적인 문화가 형성되기 시작합니다.

대량생산과 철도라는 운송수단으로 인해 대규모의 자본과 투자의 필요성이 대두됨에 따라 자연스레 금융업이 발달하기 시작했습니다. 금융의 발달은 이미 불이 붙은 산업화에 기름을 끼얹는 역할을 하게 됩니다. 산업혁명 이후 약 300년의 시간 동안 이런 변화와 진보의 과정이 반복되면서 인류는 역사상 처음으로 공급이 수요를 초과하는 현실과 마주하게 됩니다. 그렇게 공급과잉의 시대로 접어들며 상품을 대중들에게 알리기 위한 목적을 가진 광고의 개념이 등장합니다. 서서히 마케팅의 역사가 시작됩니다. 이 시점이 생존을 위한 전략이 동일성에서 차별성으로 전환되는 변곡점이라고 할 수 있을 것 같습니다.

공급과잉이 다양성을 낳게 되면서 이제 사람들은 역사상 처음으로 '선택'을 하기 시작합니다. 그리고 사람들의 선택을 받기 위해 제조업자들은 저마다 자신들의 상품이 더 나은 상품이라고 광고하기 시작합니다. 그 다음엔 다른 상품보다 더 나은 점에 다른 점을 추가해 이야기하기 시작하고, 이제 나음과 다름의 차원을 넘어 더 가치 있는 상품이라는 점을 강조하게 됩니다. 그리고는 최종적으로 당신을 위한 상품이라는 커뮤니케이션으로 큐레이션Curation과 개인화를 이야기하는 지금의 단계까지 오게 되었습니다.

**동일화는 지금까지 우리에게
어쩔 수 없는 생존본능이었지만,**

**차별화는 더 이상 피할 수 없는
현실이 되었습니다.**

본능을 거슬러 차별화로 향하는 사람들이, 그리고 그런 용기를 가진 사람들이 만들어가는 브랜드가 살아남는 시대가 되었습니다. 이제는 지난 수만 년간 이어온, 수렵채집사회와 농경사회의 미덕이었던 동일화의 본능이 완전히 반대 방향으로 작동될 때 생존할 수 있는 차별화의 세상이 되어버린 것입니다.

이렇게 달라진 시대에서도 우리는 여전히 과거의 관습에 충실히 따르려는 본능과 습성을 버리지 못합니다. 정확히 누가, 왜 그것을 원하는지에 대한 질문이 철저하고 완전하게 생략되었습니다. 단순히 사회가 요구한다고 믿고 있는 허구적 평균의 값을 맞추기 위해, 과거의 생존공식을 오늘의 타임라인에 그대로 복사하고 붙여넣기하는 성실한 노력을 기울이고 있는 것입니다.

남과 다르다는 것이 두렵습니다.

평균에서 벗어나는 것이 두렵습니다.

하지만 정작 두려워해야 할 것은

낯섦이 아니라, 익숙함과 편안함입니다.

평균이라는 동일화가 사회화라는 학습을 통해 형성된 본능이라면, 차별화는 타고난 본성에 가깝습니다. 하지만 평균이 주는 안도감에 마비된 사람들이 향하는 동일화는 성공을 향한 욕망에도 투영됩니다. 많은 사람들이 성공에 이르는 길에 대한 성찰의 과정에서 자기다움을 중요한 덕목으로 꼽았습니다. 그럼에도 불구하고 우리는 수많은 성공을 일궈낸 사람들이 주장하는 자기다움을 표본으로 또다시 평균과 동일화의 요소들을 끄집어냅니다.

이런 노력이 다음 주 로또 1등 번호를 맞추기 위해 지금까지의 로또 당첨번호를 모조리 분석해서 가능성이 높은 숫자의 확률을 구하는 것과 무엇이 다를까요? 이미 누군가 성공을 일궈낸 방법이 있더라도, 그 성공방식이 다시 재현, 반복될 확률은 우연에 가깝습니다.

지금 함께하고 있는 브랜드와 차별화의 여정을 이미 우리들이 가지고 있는 차별화의 본성에서 발견하는 것으로 시작해보면 어떨까요?

우리 모두는 이미
차별화의 답을 가지고
태어난 사람들이니까요.

리더를 닮아가는
브랜드

"부조리한 사람은 나에게서 나의 부조리한 측면을 끌어낼 것이다.
그러나 진지한 사람은 나의 진지한 측면을 끌어낼 것이다. 누가 나
를 수줍어한다고 생각하면, 나는 아마 결국 수줍어하게 될 것이다.
누가 나를 재미있다고 생각한다면, 나는 계속 농담을 할 가능성이
높다."

– 알랭 드 보통

가치 있는 브랜드는 인간다움을 향해 가고 있습니다. 브랜드는 자
신들의 차별점을 가장 효과적으로 드러내기 위한 수단으로 사람들과
소통하며 인간의 체온을 닮아가려고 노력합니다. 그런데 애초에 브
랜드 자체가 사람에서 시작된다면 어떨까요? 그러면 굳이 인간다움
을 추구하지 않아도, 인간 그 자체로 다가올 수 있지 않을까요?

가치 있는 브랜드의 대부분은 창업자에게서 브랜드의 이야기가 시
작되는 경우가 많습니다. 어찌 보면 가장 바람직한 접근일 수 있겠네

요. 앞서 언급했듯 사람이라는 매개체는 다른 무엇보다 감정과 정서를 몰입하게 만드는 강력한 힘을 가지고 있습니다. 가치 있는 브랜드가 되어가는 다양한 길 중 가장 빠르고 효과적인 방법을 한 가지 꼽자면 바로 창업자, 다시 말해 자기 스스로 브랜드가 되는 것을 선택하는 것입니다.

애플이라고 하면 무엇이 떠오르시나요? 또 왜 그 단어를 떠올리게 되셨나요? 테슬라라고 하면 생각나는 단어가 있나요? KFC를 상상하면 어떤 이미지가 먼저 연상 되나요? 페이스북, 마이크로소프트, 아마존, 중국의 알리바바, 우리나라의 삼성이나 현대는 어떤가요? 실제 상당수의 사람들이 애플의 스티브 잡스, 테슬라의 엘론 머스크, KFC 할아버지, 페이스북의 마크 주커버그, 마이크로소프트의 빌 게이츠, 아마존의 제프 베조스, 알리바바의 마윈, 그리고 현대의 정주영이라는 기업의 창업자나 경영자, 또는 그들이 강조하고 있는 이념과 철학에 대한 단어를 먼저 연상하게 됩니다.

창업자, 혹은 경영자는 브랜드의 가장 강력한 자산입니다. 작은 회사의 브랜드는 전적으로 CEO에 의해 형성되는 만큼, 이들은 브랜드 철학의 원천이며 브랜드 이미지를 구성하는 준거의 틀을 마련하는 역할을 합니다. 특히, 브랜드를 시작하는 도입기에는 창업자 개인의 브랜드가 해당 브랜드의 거의 모든 자산이라고 해도 과언이 아닐 정도로 큰 비중을 차지합니다.

개인 브랜드, 즉 퍼스널 브랜딩에는 일반적인 브랜드와는 다른 몇 가지 특수성이 있습니다. 먼저 평소에 하는 말과 행동, 습관뿐만 아니라, 지금껏 살아온 삶의 궤적과 지니고 있는 생각, 신념, 철학까지 자신의 모든 것이 본인의 의도와 상관없이 브랜드의 이미지에 그대로 투영된다는 점입니다.

어떻게 보면 가장 쉬운 방법이기도 합니다. 있는 모습을 솔직하게 보여주기만 하면 되니까요. 하지만 대부분 민낯을 솔직하게 보여주고 진실하게 소통하기보다는, 멋진 모습으로 포장하며 겉과 속이 다른 브랜드를 만들어내곤 합니다.

요즘 뉴스에서 기업경영자들의 갑질을 비롯한 좋지 않은 기사들을 심심치 않게 접할 수 있습니다. 보도의 내용이 억울하다는 입장도 있겠지만, 대부분은 그럴듯한 사람이 계속 그럴 만한 행동을 해오다가 결국 꼬리를 잡혀 이슈가 되곤 합니다. 브랜드의 경영자와 여기에 참여하는 동료들은 사회가 요청하는 도덕적·윤리적 기준의 테두리 안쪽에서 엄격한 자기검열을 해야 합니다. 따라서 브랜드가 되어가는 과정에서 가장 먼저 전제되어야 할 우선순위는 다름 아닌 참여하는 모든 구성원들의 성품입니다. 성품은 백 번 강조해도 지나치지 않습니다.

**경쟁에서 승리하지 못해 실패하는 브랜드는 드뭅니다.
몰락하는 브랜드, 실패하는 사람들은 대개 인격과 습관의
결핍이 낳은 태도에 의해 스스로 무너지곤 합니다.**

브랜드를 가꾸어 가는 것은 결국 사람입니다. 그중에서도 창업자, 리더가 중요한 이유는 이들의 가치관과 습관을 브랜드에 속한 모든 구성원들이 무의식중에 모방하기 때문입니다.

책을 읽는 습관을 가진 리더의 구성원은 자연스레 독서량이 늘어납니다. 운동을 좋아하는 리더의 구성원은 함께 운동을 하게 되고, 술을 좋아하는 리더와 함께 한다면 주량이 늘게 됩니다. 브랜드가 어떤 문화를 지향하느냐는 인위적으로 선택할 수 있는 의사결정 문제가 아닙니다. 해당 브랜드를 이끄는 리더의 일상을 관찰해보면 브랜드가 지향하는 문화와 철학에 대한 정해진 답을 어렵지 않게 찾을 수 있습니다.

시중에는 퍼스널 브랜딩에 대한 다양한 책과 강의가 있습니다. 어떤 특별한 방법론적 기술로 브랜딩에 대한 도움을 받을 수 있을지 모르겠습니다. 하지만 그보다 먼저 모든 브랜드의 핵심가치가 인간에서 시작한다는 대전제를 잊지 않고, 바람직한 인격의 토대 위에 구축했으면 하는 바람입니다.

브랜드는 함께하는 사람을
닮아갑니다.

억지스레 표현하려고
애쓰지 마세요.

시간이 지나면 자연스레
발현됩니다.

언어는
존재의 집이다

"새로운 프레임은 새로운 언어를 필요로 한다. 다르게 생각하려면
우선 다르게 말해야 한다."

  – 조지 레이코프

따뜻한 마음을 가진 사람은 어떤 사람인가요? 아마 따뜻한 언어를
가진 사람일 겁니다. 우리가 차갑다고 표현하는 사람들은 어떻죠? 역
시 차가운 언어를 가지고 있는 사람들일 겁니다. 누구나 무의식적으
로 말을 하고 자기만의 방식이 담긴 언어를 사용합니다.

그렇다면 상대방의 입장을 돌보는 마음이 담긴 말, 배려가 담긴 말
을 건네는 사람이 따뜻한 사람으로 기억되는 이유는 무엇일까요? 그
것은 언어가 성격을 드러내는 확실한 증거이기 때문입니다.

한 사람이 사용하는 언어는 그 사람의 생각과 인식을 반영합니다. 그렇기 때문에 누군가 평소에 사용하는 언어습관을 보면 그 사람의 운명을 알 수 있습니다.

대체적으로 부정적인 말을 주로 하는 사람은 부정적인 미래가, 긍정적인 언어를 사용하는 사람에게는 긍정적인 미래가 펼쳐집니다. 이는 개인의 언어뿐만 아니라 사회적 언어도 마찬가지입니다.

<1984>라는 소설에는 조지 오웰^{George Orwell}이 그린 미래의 디스토피아 사회가 묘사되어 있습니다. 빅브라더가 지배하는 세계는 철저하게 개인을 감시하고 통제하는 사회입니다. 특히 과거의 역사와 현재, 그리고 미래에 이르기까지 사람들의 인식과 사고를 조종하기 위해 언어를 이용합니다. 신어사전을 제작하여 사회에서 사용되는 언어의 의미와 사용을 인위적으로 조작하는 것이죠.

"신어의 목적이 사고의 영역을 좁힌다는 걸 몰라? 결국 우리는 그걸 표현할 말 자체가 없기 때문에 사상죄가 글자 그대로 불가능해지게 만들 거야. 필요한 개념은 정확히 정의되는 단 '하나'의 단어로 표시되고 다른 보조적인 의미는 다 제거되어 잊히게 될 거야. 이미 제

11판에서 그 정도까진 해놓았지. 그러나 그 과정은 자네나 내가 죽은 뒤에도 계속 진행될 거야. 해를 거듭할수록 단어는 자꾸 줄어들고 의식의 범위도 좁아지게 될 테지. 물론 지금도 사상죄를 범할 이유나 구실은 없어. 그것은 단지 자기 훈련과 현실 통제의 문제지. 그러나 결국 그것마저도 필요 없어질 거야. 신어가 다 완성되면 동시에 혁명도 완수되는 거지."

  – 조지오웰의 소설 〈1984〉 中

    소설 속에서 그려지는 개인과 사회의 통제는 언어의 통제를 통해 이루어집니다. 언어가 사고에 미치는 영향은 비단 소설뿐만 아니라, 현실에서도 크게 다르지 않습니다. 우리가 사용하는 언어가 우리들의 인식을 지배하기 때문이죠.

    예를 들어 볼까요? 병원에 입원해서 환자복을 입고 환자라는 호칭을 듣는 순간, 그 사람은 단순히 신체적인 면에서뿐만 아니라, 정서적인 면에서까지 환자가 되어버립니다. 얼마 전에는 저희 할머니께서 갑자기 위암 판정을 받으셨습니다. 어린 시절 저를 돌봐주셨던 할머니의 소식에 큰 충격을 받았습니다. 부모님에게서 할머니의 입원 소식을 전해 듣고 급히 일정을 조정하여, 수술에 들어가시기 직전에야 겨우 할머니가 계신 암 병동에 도착했습니다. 이곳을 지나가는 사람들의 어두운 표정, 차갑고 무거운 공기…… 암 병동에 들어서자 마치 다른 세상의 문턱을 넘은 듯한 느낌이 듭니다.

'아, 여기가 암 병동이구나……'

이곳은 본능적으로 죽음의 의미를 생각하게 만드는 장소입니다. 당연히 희망이라는 단어가 싹트기에 적절한 환경이 아니죠. 순간 많은 생각들이 머리를 스칩니다. 저희 할머니는 불행 중 천만다행으로 암 초기단계에서 발견되어 수술을 성공적으로 마치고 건강을 회복하셨습니다. 암 병동을 완전히 탈출하고, 지금 다시 건강하게 일상적인 생활을 하고 계시니까요. 이런 일이 지나가자 뒤늦게 이런 생각이 들었습니다.

환자라는 용어 대신 다른 명칭을 생각해보면 어떨까요?
암 병동이 아니라, 희망 병동처럼 프레임을 긍정적으로 바꿀
다른 명칭을 생각해보면 어떨까요?

암 병동이라는 단어를 듣는 순간 떠올랐던 느낌과 그로부터 연상된 것들은 대체로 차갑고 무서운 것들이었습니다. 물론 암 병동은 그 장소가 갖는 의미와 사실을 정확하게 전달하는 명칭이지만, 그럼에

도 불구하고 긍정적인 내일을 기대하는 사람들의 희망을 싹둑 잘라 버리는 느낌은 어쩔 수 없는 것일까요? 좀 더 따뜻한 언어가 있었으면 좋겠다는 생각이 듭니다. 당장 병원을 찾는 사람들에게 필요한 건 아픈 현재의 상태를 치료하는 것이겠지만, 원하는 것은 나아질 수 있다는 내일을 향한 한 가닥의 희망과 믿음일 테니까요.

말 한마디에는 엄청난 힘이 숨겨져 있습니다. 우리가 내뱉는 한마디의 언어는 생각의 프레임을 만들기 때문입니다. 아마 신용카드의 이름이 신용카드가 아닌 외상카드나 부채카드였다면 많은 사람들이 지금처럼 무분별하게 신용카드를 이용하지 않았을 것입니다.

노인을 위한 효도관광은 실패하지만, 액티브시니어를 위한 여행상품은 성공합니다. 기도를 하면서 담배를 피우는 것은 안 되지만, 담배를 피우면서 기도하는 것은 허용된다는 프레임의 역설도 결국 그 시작은 언어입니다.

저의 아내는 잠을 잘 때 이리저리 뒤척이다 등을 돌리게 될 때면 먼저 이렇게 이야기합니다.

"오빠, 우리 등 맞대고 잘래요?"

이 말 한 마디로 서로 등을 '돌리고' 자는 것이 어느새 등을 '맞대고' 자는 것이라는 의미로 새롭게 탄생합니다. 똑같은 행위의 결과도 전달하는 언어의 프레임에 따라 다르게 느껴지는 것이죠.

적절하지 못한 언어와 프레이밍의 안타까운 사례도 있습니다. 2017년 대선 토론회에서 당시 대통령 후보였던 한 정치인은 치명적인 실수를 합니다.

"제가 MB 아바타입니까?"

이 말 한마디로 지지율이 급격히 떨어지게 됩니다. 인지언어학자인 조지 레이코프의 말처럼 만약 누군가 지금부터 코끼리를 생각하지 말라고 하면, 그 이야기를 들은 사람은 코끼리를 생각하지 않을 수 없게 됩니다. "제가 MB 아바타입니까?"라는 발언을 듣는 순간, 그동안 그런 생각을 하지 않았던 사람들조차, 그 후보를 MB 아바타로 연관시켜 생각할 수밖에 없게 됩니다. 당시 그 이야기를 꺼낸 후보는 언어의 프레임이라는 함정에 스스로를 가둔 셈입니다.

브랜드 역시 마찬가지입니다. 브랜드는 언어를 매개로 하는 일종의 기호입니다. 먼저 언어라는 기호의 특성을 살펴볼까요? 스위스의 언어학자인 페르디낭 드 소쉬르는 언어라는 기호는 기표^{Signifiant:시니피}앙와 기의^{Signifie:시니피에}로 구성되어 있다고 이야기합니다. 언어의 형태와 발음이 기표이고, 형태와 발음이 지시하는 관념이 기의입니다.

사과를 예로 들어 볼까요? 사과라는 단어의 형태와 발음은 기표입니다. 그런데 이 기표는 언어마다 다르겠죠? 영어를 쓰는 나라에서는 사과를 'Apple' 이라고 쓰고, '애플' 이라는 발음의 기표로 표현하게 됩니다. 사과라는 단어를 보는 순간, 우리들의 머릿속에 떠오르는 것이 있습니다. 그리고 이것을 'Apple' 이라고 표기하고 '애플' 이라고 읽는 순간 떠오르는 또 다른 것이 무엇인가가 있습니다. 이렇게 단어를 읽고 발음할 때 연상되는 이미지를 기의라고 합니다. 기표가 가리키고 있는 실제인 것이죠.

그런데 여기에 재미있는 것이 있습니다. 사과라는 언어적 표시, 즉 기표가 반드시 우리가 알고 있는 과일인 사과를 의미해야 할 필연적인 이유가 없다는 사실입니다. 오히려 우연적이고 임의적인 특징을 가지고 있습니다. 우리가 사과를 사과라고 표현하는 것은 일종의 사회적 약속이자 관습입니다. 단순히 그런 생김새와 모양과 향을 가진 것을 사과라고 표기하고 사과라고 부르기로 약속한 것이죠.

어떤 특별한 이유가 있는 것은 아닙니다. 의자를 반드시 의자라고 부를 필요는 없습니다. 그래야 할 필연성도 없습니다. 당장 지금부터 모든 사람들이 의자를 사과라고 부르기 시작한다면 의자는 사과가 되는 것입니다. 이것을 언어의 자의성이라고 합니다. 예술가들은 이런 언어의 자의성을 통해 사람들에게 메시지를 던지기도 합니다.

Ceci n'est pas une pipe
〈 이미지의 배반 : 이것은 파이프가 아니다 〉
르네 마그리트

벨기에의 초현실주의 화가 르네 마그리트의 〈이미지의 배반〉이라는 제목의 그림입니다. 우리에게는 '이것은 파이프가 아니다'라는 제목으로 더 많이 알려져 있는 작품입니다.

어떤 사람이 마그리트에게 다음과 같은 질문을 합니다.

"제가 보기에 저 그림은 파이프인 것 같은데요?"

그러자 마그리트는 다음과 같이 대답합니다.

"그런가요? 그렇다면 저 파이프를 피워보시겠어요?"

아무래도 보이는 것이 전부는 아닌 것 같습니다. 마그리트는 그림을 통해 언어로는 표현하기 어려운 개념과 메시지를 전달하곤 했습니다. 〈이미지의 배반〉에서는 언어적 기표인 파이프라는 단어가 가리키는 대상이 파이프의 본질, 즉 파이프라는 기의의 성질과 필연적 관계가 있는 것이 아니라, 단순히 파이프를 파이프라는 언어(기표)로 표현하자는 사회적 약속과 관습에서 비롯된 것을 이야기하고 있습니다. 언어의 자의성을 그림으로 표현한 것이죠. 마그리트는 이야기합니다. 눈앞에서 보고 있는 것이 생각하는 그것이 아닐 수 있다는 것입니다.

"사람들은 보고 있는 것을 믿는 것이 아니라,
믿고 있는 것을 보게됩니다."

언어의 자의성 덕분에 우리는 브랜드라는 기호에 특정한 의미를 부여할 수 있습니다. 스티브 잡스의 애플이 사과라는 과일에 혁신이라는 새로운 의미를 부여한 것처럼, 우리가 알고 있는 관습적 기표와 기의 간의 관계는 얼마든지 새롭게 연결될 수 있습니다. 언어를 통해 지시하는 대상에 의미라는 생명을 불어넣게 되는 것이죠.

내가 그의 이름을 불러 주기 전에는

그는 다만

하나의 몸짓에 지나지 않았다.

내가 그의 이름을 불러주었을 때,

그는 나에게로 와서

꽃이 되었다.

김춘수 시인의 〈꽃〉이라는 시입니다. 너무나도 유명한 작품이죠? 화자인 나, 그리고 대상인 꽃은 서로의 이름을 불러주는 행위를 통해 관계를 맺고 의미를 부여할 수 있게 됩니다. 우리는 언어적 기표에 붙인 이름을 통해 대상을 인지하고 그 대상에 대한 개념을 인지합니다. 새롭게 탄생된 개념은 서로가 서로에 대한 관계를 통해 의미를 갖게 됩니다. 혼자서는 아무런 의미를 가질 수 없게 되는 것입니다.

이 점이 브랜드에 던지는 시사점은 분명합니다. 브랜드가 되어간다는 것은 결코 일방적인 커뮤니케이션으로 가능한 일이 아닙니다. 서로의 이름을 불러주고, 서로의 의미가 되어주는 과정을 반복하며 그와 그들, 나와 우리들을 구별 짓는 공통의 경험과 맥락을 공유함으로써 생기는 차이를 통한 공감을 형성할 때 비로소 가능한 일입니다.

언어의 한계가 세계의 한계다.
– 비트겐슈타인

파이프가 파이프가 아닐 수도 있게 만드는 것, 하나의 몸짓에 이름을 불러주는 것, 언어는 기본적으로 많은 것들을 구별 짓게 합니다. 전 세계의 문화는 대부분 언어를 중심으로 나뉘어져 있습니다. 같은 언어를 쓰는 사람들끼리 민족을 형성하고, 같은 민족끼리도 지역에 따라 방언 등의 언어적 차이를 통해 구별됩니다.

혹시 이런 단어들의 뜻을 알고 계신가요?
띵작, 띵언, JMT, TMI, ㅇㄱㄹㅇ, 갑분싸, 댕댕이 등 사실 저도 따로 공부해서 알고 있는 단어인데요. 요즘 특정 세대들은 이런 언어로 소통한다고 합니다.

같은 시대, 동일한 문화와 언어권에서도 이렇게 세대 간에 사용하는 단어나 말투가 다릅니다. 언어를 통해 그들과 우리들을 구별 짓고 차이를 생산하는 것이죠. 브랜드도 마찬가지입니다. 같은 브랜드를 사용하는 사람들끼리는 그들만의 언어를 만들어내고 사용함으로써 연대의식을 표현하곤 합니다.

언어는 인간의 사고방식에 영향을 미칩니다. 사고방식은 행동을 변화시키고, 행동의 변화는 다시 사고방식을 강화시킵니다. 언어를 잘 이해하고 다룰 줄 아는 브랜드는 차별화된 성격과 개성을 획득할 가능성이 큽니다. 그렇기 때문에 브랜드를 형성해가는 사람들은 반드시 읽기와 쓰기를 반복하는 통과 의례를 거쳐야 합니다.

혹시 여러분은 얼마나 다양하게 읽고, 또 쓰기를 반복하고 계신가요? 세상의 존재하는 모든 학문은 사실 인문학입니다. 그중에서도 브랜드에 필요한 것은 언어학적 이해와 문학적인 감성입니다. 자기만의 언어를 끊임없이 고민하고 훈련하고 반복하면 비로소 자기다움에서 오는 차이가 생깁니다. 차이는 브랜드의 가치를 생산합니다. 만약 여러분의 브랜드가 가치 있는 다름을 보여주지 못하고 있다면 아마 차별화된 언어를 가지고 있지 못할 가능성이 큽니다.

언어에서 시작되는 차이가 반복되면 고유한 의미가 생기고, 의미에 담긴 약속을 이행하면 믿음과 신념이 생깁니다. 믿음과 신념이 왜 중요하냐구요?

브랜드의 시작은
믿음,

종착지는
사랑이니까요.

역사상 가장
성공한 브랜드

"나에게는 달리기에 대한 믿음이 있었다. 나는 사람들이 매일 밖에 나가 몇 마일씩 달리면, 세상은 더 좋은 곳이 될 것이라고 믿었다. 그리고 내가 파는 신발이 달리기에 더없이 좋은 신발이라고 믿었다. 사람들은 내 말을 듣고 나의 믿음에 공감했다. 믿음, 무엇보다도 믿음이 중요했다."

　　　- 필 나이트

　길을 걷다보면 가장 흔하게 찾아볼 수 있는 브랜드들이 있습니다. 그중 하나가 바로 편의점입니다. 편의점 브랜드는 동네마다 한 블록에 하나 정도는 꼭 보일 정도로 일상에서 흔하게 접할 수 있는 브랜드 중 하나입니다. 통계청에 의하면 2018년 우리나라의 전체 편의점 매장은 약 40,000점포에 달한다고 합니다. 이보다 조금 더 많은 수를 차지하고 있는 브랜드는 커피 브랜드입니다. 우리나라의 전체 커피 브랜드 매장의 수는 약 57,000개로, 편의점보다 많은 매장이 있다는 것을 확인할 수 있습니다. 거리를 조금만 다녀보면 이런 수치가 금방 체감될 만큼 우리 생활에 밀접한 영향을 끼치고 있는 브랜드라는 사실에 고개를 끄덕이게 됩니다. 그런데 편의점, 카페보다 훨씬 더 많은 숫자의 매장(?)을 가진 브랜드가 있습니다. 혹시 무엇인지 상상이 가시나요?

편의점, 카페보다 더 흔하게 볼 수 있는 브랜드······

답은 바로 종교단체입니다. 우리나라의 종교단체는 약 73,000개, 그중에서도 특히 기독교 관련 단체가 거의 주를 이루고 있습니다. 지금 여기서는 단순히 수치로 비교를 했지만, 우리의 삶과 사회에 미치는 영향력을 생각하면 편의점이나 카페는 단순히 점포 수만 많을 뿐이지, 종교가 개인과 사회에 미치는 영향에 비하면 상대도 되지 않습니다.

누군가 저에게 "역사상 가장 성공한 브랜드가 무엇이라고 생각하느냐"는 질문을 한 적이 있습니다. 솔직히 그 질문을 받기 전까지는 그런 생각을 깊이 해본 적이 없었지만 막상 질문을 받고 나니 답이 어렵지 않게 떠올랐습니다.

"예수, 그리고 십자가요."

이야기를 본격적으로 진행하기 전에, 먼저 저는 특정한 종교를 가지고 있지 않으며, 동시에 어떠한 종교에 대해서도 선입견이나 편견을 가지고 있지 않음을 밝혀둡니다. 단지 종교를 브랜드에 대입한 관점으로 봐주시면 좋을 것 같습니다.

애플, 아마존, 삼성, 구글⋯⋯ 쟁쟁한 글로벌 브랜드들이 있지만 이들의 브랜드 경쟁력이 예수와 십자가라는 브랜드에 절반이나 미칠 수 있을까요? 기독교라는 브랜드는 이미 그 시작점에서부터 사람들의 강력한 믿음을 근간으로 합니다. 기독교는 단순한 종교와 믿음의 영역을 넘어 실질적으로 세계를 움직이고 있는 이데올로기로, 전 세계 76억 명 중 33%에 해당하는 약 24억 명이 실제로 기독교 신자라는 점이 그 영향력을 짐작케 합니다.

인류의 역사 속에서도 고대, 중세, 르네상스에 이르는 거의 모든 건축, 미술, 음악, 문학 등의 장르가 종교를 모티브로 창조되고 디자인되었다는 사실은 놀랍지도 않습니다. 현대사회도 마찬가지입니다. 종교가 없는 역사는 그것이 좋은 쪽이든 그렇지 않은 쪽이든 상상하기 어렵습니다.

종교에 대한 믿음은 예술을 발전시키고 사람들을 하나의 신념과 사상으로 묶어 사회와 역사의 발전에 이바지했습니다. 그런 반면 이 믿음은 본래 가지고 있는 선한 의도와 달리 과학과 대립하고 전쟁에 대한 명분을 제공함으로써 많은 사람들이 목숨을 잃거나 희생되는 원치 않는 결과를 초래하기도 했습니다.

사실 종교의 순기능에 대한 반대급부는 종교 자체에 대한 문제라 기보다는, 사람들의 순수한 믿음을 자신들의 이익에 따라 악용한 일부 특정한 이익집단의 잘못이라고 보는 편이 타당할 것입니다. 믿음의 근거가 되는 내용들을 편의에 맞춰 편집하고 왜곡하여 대중들을 속이고, 종교와 신념, 순교 등의 성스러운 이름으로 선의를 벗어난 일들을 저지르는 것이죠.

우리가 흔히 알고 있는 브랜드들을 위해 자신의 목숨을 바치는 사람들이 있을까요? 아무리 특정 브랜드가 자신의 가치와 신념을 대변한다 해도 목숨은커녕 자신의 이익을 희생하면서까지 굳이 브랜드를 고집하는 사람은 없을 것입니다. 그래야만 하는 강력한 이유와 명분, 다시 말해 신념과 믿음이 그 정도에 미치지는 않기 때문입니다.

하지만 종교에는 어떠한 박해 속에서도 자신들의 믿음과 신념을 지키기 위해 죽음도 마다하지 않는 순교자들이 있습니다. 종교와 브랜드를 비교하는 것이 적절하지 않다고 생각하시는 분들도 있을 것 같습니다. 하지만 브랜드의 본질적인 속성이 약속과 믿음에 대한 기대를 근거로 한다는 점에서, 인간의 양심과 믿음을 통해 막강한 영향력을 행사하는 종교에 주목할 필요가 있습니다.

그중에서도 특히 눈에 띄는 것이 있습니다. 브랜드로 치면 바로 예수라는 리더와 십자가라는 심벌입니다. 예수, 십자가라는 브랜드의 핵심가치는 굉장히 명확합니다. 믿음, 소망, 사랑을 모르는 사람이 있을까요? 그리고 말씀에 따르는 삶을 위한 지침서인 성경은 어떻습니까? 성경보다 많이 팔린 책이 있나요? 전 세계에서 가장 많이 팔린 책 중에는 해리 포터, 연금술사, 반지의 제왕, 다빈치 코드 등이 있지만, 2위에서 10위까지의 판매량을 다 합해도 성경에는 미치지 못한다고 합니다. 그리고 십자가는 어떤가요? 지금까지 십자가보다 성공한 브랜드 심벌을 단 하나라도 꼽아볼 수 있을까요?

브랜드 관점에서 봤을 때 예수, 십자가, 그리고 성경이 나타내고 있는 기독교라는 브랜드는 역사상 가장 완벽에 가까운 브랜드라는 사실에 의심의 여지가 없습니다. 지금까지 브랜드 관점에서 종교를 이야기를 했습니다. 종교와 역사에 대한 깊은 논의는 좀 더 폭넓고 깊은 식견과 통찰을 가진 학자 분들의 몫인 것 같습니다. 지금 여기에서 다루고 있는 주제는 종교와 역사 자체에 대한 이야기가 아닙니다. 중요한 건 종교가 가지고 있는 믿음과 은유의 속성을 통해 우리가 얻을 수 있는 브랜드에 대한 통찰입니다.

예수, 그리고 십자가.

역사상 가장 성공한 이들 브랜드에서 우리는 무엇을 배울 수 있을까요? 몇 가지 힌트가 될 만한 것들을 짚어보도록 하겠습니다. 브랜드에는 자신들이 주장하는 약속과 믿음의 근거를 상징하는 다양한 상징들이 필요합니다. 물리적 증거physical evidence가 바로 그것입니다. 그리고 앞서 언급했듯 브랜드가 지향하는 가장 궁극적인 종착지는 바로 사람들에게 마치 인격처럼 존재하는 것입니다. 사람의 온기가 느껴지는 브랜드 말입니다.

그런데 기독교라는 종교가 가지고 있는 브랜드의 속성을 살펴보면 위의 모든 요소들이 완벽하게 존재합니다. 사람의 온기를 품고 희생하는 예수라는 리더가 존재하고, 심지어 이 존재가 가지고 있는 스토리와 전달하는 메시지는 너무나도 분명하고 뚜렷합니다. 이 브랜드의 스토리를 모르는 사람도 예수가 십자가를 지고 죽은 후, 사흘 만에 다시 부활하는 이야기를 어디선가 들어봤을 겁니다. 그런데 그 죽음은 일반적인 의미의 죽음이 아닙니다. 인간의 죄를 대신해 십자가에서 피를 흘림으로써 대신 속죄하는 것으로, "너희 원수마저 사랑하라"는 초월적.이타적 사랑의 메시지를 통해 사람들에게 큰 울림을 주는 가치있는 희생인 것이죠.

이런 이야기는 성경을 통해 전파됩니다. 성경은 인간이 왜 이 브랜드를 섬기고, 어떤 방식으로 이 브랜드가 주장하는 삶과 미션을 살아가야 하며, 이를 위해 무엇을 해야 하는지 뚜렷한 스토리와 명분을 제공하고 있습니다. 또 텍스트만으로는 설득이 미흡한 믿음의 영역을 지속적으로 확장하고 적극적으로 커뮤니케이션하기 위한 정교한 브랜드 정책들을 가지고 있습니다. 교회라는 공간의 하드웨어와 성경이라는 이야기의 소프트웨어를 통해서 말이죠. 교회에는 성경의 이야기를 흥미롭게 전달해주는 목사라는 매력적인 브랜드 스토리텔러가 있습니다. 그리고 그곳에는 믿음을 노래하고 성경의 이해를 돕기 위한 찬송가, 그리고 연주자들이 존재합니다.

만약 일반적인 브랜드로 치자면 고객들은 연령별로 유아, 초등, 중등, 고등, 청년, 장년들로 세분화되어 나누어져 있고, 로열티 프로그램(예배)은 시간별, 일자별로, 고객의 등급 또한 다양하게 분류하여 브랜드의 참여를 극대화하는 정책들을 실행하고 있습니다. 실제로 이런 정책들은 꽤나 효과적입니다. 실제로 이 브랜드를 지지하는 사람들은 단순한 고객이 아니라 진정한 의미의 팬입니다. 팬들은 자신의 필요만을 충족하면 그만인 고객과는 차원이 다릅니다. 이들은 브랜드에 대한 자발적인 봉사와 헌신을 마다하지 않습니다. 그리고 이 브랜드의 팬들은 인적판매라고 하는 어렵고 통제하기 까다로운 커뮤니케이션을 자발적이고 적극적으로 수행합니다.

이 모든 것을 가능하게 만드는 것은 오직 하나, 바로 '믿음' 입니다. 성경적 가치와 말씀에 따르는 삶이 더 많은 사람들의 일상을 더 가치 있고 유익하게 가꾸어줄 것이라는 믿음인 것입니다. 여기에 더해 생생한 스토리, 있을 법한 역사가 담긴 성경, 너무나도 인간적이고 헌신적인 창업자, 글과 그림, 음악, 건축 등 인류의 역사와 문화에 새겨진 믿음의 흔적, 그리고 이 모든 것을 단순한 이미지로 설명하는 십자가, 흩어져 있는 브랜드 요소들을 하나로 통합하는 교회라는 시스템.

브랜드는 사람들의 믿음을 숙주로 자라납니다. 바꿔 말하면, 사람들에게 자신이 옳다고 믿고 있는 가치와 신념을 설득하지 못하면 브랜드는 실패합니다. 단순히 상품과 서비스를 판매하는 것은 브랜드의 몫이 아니라, 세일즈의 몫입니다. 자신이 제공하는 상품과 서비스가 가치와 신념이라는 철학을 근간으로 할 때 브랜드로서의 자격을 갖추게 됩니다. 브랜드의 경영자들에게 필요한 덕목들이 참 많습니다. 하지만 브랜드 경영자에게 필요한 것은 스스로가 믿고 있는 것을 '다른 사람들이 믿게 만드는 능력'입니다. 무엇이든 혼자 믿으면 미신이라고 손가락질 받지만, 많은 사람들을 믿게 만들면 브랜드는 종교와 같은 힘을 발휘합니다.

**위대한 브랜드 경영자는 '사상가'이며,
차라리 '목사'에 가깝습니다.**

지금 각자 생각하고 있는 브랜드의 경영자들을 떠올려볼까요? 그들은 어떤 특징을 가지고 있는 사람들인가요?

그들은 믿음을
가지고 있는 사람들입니다.

그들은 믿음의
근거를 만드는 사람들입니다.

그들은 믿음을
전염시키는 사람들입니다.

그리고 우리가 선택하는 브랜드에 대한 선호는 어디에서 시작되는 것일까요?

그것은 바로,

믿음,

믿음,

믿음입니다.

따라서 브랜드의 창업자, 또는 경영자는 스스로의 브랜드에 대한 강력한 믿음을 바탕으로 구성원들을 하나의 미션과 신념, 철학으로 꽁꽁 묶어 결합시켜야 합니다. 기업의 철학이 중요하다는 이야기는 이제 굉장히 식상한 이야기가 되어버렸지만, 식상하다는 이유로 그 중요성이 간과되고 있는 것 같습니다. 전략, 전술이 당장 효과를 나타내는 정량적 지표인 데 반해, 철학과 같은 형이상학적인 믿음에 대한 효과는 다소 가볍게 생각하기 때문입니다.

플라시보 효과Placebo effect라고 많이 들어보셨죠? 위약효과라고도 하는 이 효과는, 의사가 약효가 없는 가짜 약을 환자에게 처방했을 때, 의사에 대한 환자의 믿음에 따라 실제로 병세가 호전되는 현상을 말합니다. 플라시보 효과와 반대되는 노시보 효과Nocebo effect도 있습니다. 이는 실제 효과가 있는 진짜 약도 환자가 믿지 못하면 약효가 나타나지 않는 현상입니다.

　플라시보 효과는 가짜 약이 환자의 긍정적인 믿음으로 인해 실제 효과가 나타나는 것이고, 노시보 효과는 진짜 약인데도 불구하고 의사나 약효에 대한 부정적인 믿음으로 인해 효과가 나타나지 않는 것입니다. 플라시보와 노시보 효과는 단순히 약의 복용뿐만 아니라, 실제 외과적 수술에서도 동일하게 나타납니다. 누군가에 대한 긍정적인 기대나 관심이 실제 좋은 결과로 나타나는 피그말리온 효과 Pygmalion Effect도 이런 맥락입니다.

　이처럼 믿음은 굉장히 강력한 힘을 가지고 있습니다. 이 힘이 가치 있게 사용되기 위해 중요한 점은 '선한 의도'입니다. 성과의 영역에서 표면적으로 고객들이 평가하는 요소는 당장 의미 있는 결과일지 모르겠습니다. 하지만 오늘의 성과가 지속가능한 브랜드의 자산으로 축적되기 위한 전제는 선한 의도입니다. 선한 의도가 배제된 믿음의 최후는 광기입니다.

　2001년 9월 11일, 미국에서 발생한 9.11테러 사건은 선의가 배제된 맹목적 믿음의 위험을 상징합니다. 인간에 대한 보편적 선의의 토대 위에 쌓이지 못한 믿음은 광기와 다를 바 없습니다. 2차 세계대전을 일으킨 히틀러 역시 인간에 대한 보편적 선의가 전제되지 않은 광기로 인류의 역사를 혼란스럽게 어지럽힌 장본인입니다.

믿음이 가지고 있는 가능성의 크기는 생각보다 강력합니다.
브랜드, 그리고 믿음을 다루는 사람들이 명심해야 할 점은
분명합니다.

"브랜드의 시작, 그 믿음의 출발은 선의로 할 것."

역사상 가장 성공한 브랜드

브랜드의
운명을 바꾸는 한 줄

"불분명한 아이디어로 만든 분명한 이미지보다 나쁜 것은 없다."
- 앤설 애덤스

시계에 관심이 없는 사람들도 롤렉스^{Rolex}라는 브랜드는 알고 있을 겁니다. 종종 영화에서 부의 상징으로 다뤄지는 시계 브랜드입니다. "시계는 롤렉스를 부정하는 것으로 시작해 롤렉스를 인정하는 것으로 끝난다."는 말이 있을 만큼 이 브랜드는 완성도 면에서 명품인 동시에 인지도 측면에서도 대중적으로 친숙한 브랜드입니다. 대부분 이런 명품시계 하나쯤 가지고 싶다는 생각을 하지만, 막상 구입하려고 하면 높은 가격으로 인해 쉽게 접근하기는 어렵습니다.

명품시계들은 왜 이렇게 비싼 가격을 형성하고 있는 것일까요? 먼저 시계에 대해 간단하게 알아보겠습니다. 시계에는 크게 두 가지의 작동 방식이 있습니다. 우리가 흔히 알고 있는 방식은 쿼츠^{Quartz}라고 하는 배터리로 작동하는 시계입니다. 그리고 배터리 없이 반원형태의 로터가 신체의 움직임에 따라 이리저리 움직이면서 태엽을 감아 동력을 충전하는 것을 오토매틱 방식이라고 합니다. 대부분 고가의 명품시계들은 배터리로 작동하는 쿼츠가 아닌 오토매틱 방식으로 작동합니다.

그런데 여기에 조금 이상한 일이 있습니다. 오토매틱은 다양한 부품들이 맞물려 기계식으로 작동합니다. 때문에 사용자의 움직임이나 상황에 따라 적게는 하루에도 수 초에서 많게는 수십 초 정도의 오차가 발생합니다. 반면에 배터리로 작동하는 쿼츠 방식이나 전자시계는 오토매틱에 비해 오차가 훨씬 적다는 장점이 있습니다. 그럼에도 불구하고 오차가 적은 쿼츠나 전자시계보다 시간의 정확도가 떨어지는 오토매틱이 훨씬 더 고가라는 점입니다.

사람들은 더 많은 비용을 지불하면서까지 상대적으로 불편하고 정확도가 떨어지는 기계식이나 오토매틱 시계를 선택합니다. 이 사실은 시계라는 소비재가 기능적인 필요가 아닌 상징적인 욕구와 욕망을 투영하는 상징적 소비재라는 반증입니다. 시간을 확인하려는 목적으로 시계를 구매하는 것이 아니라는 것이죠. 고가의 시계가 소비되는 시장을 살펴보면 시계는 단순히 시간을 확인하는 도구를 넘어

사회적 위치를 상징하는 기호로 소비되고 있는 것을 짐작할 수 있습니다.

필요의 세계에서 펼쳐지는 경쟁이 상대우위를 점하기 위한 성능과 기능의 각축장이라면, 욕구와 욕망이라는 무의식의 영역에서 벌이는 경쟁은 절대우위를 차지하기 위한 차별화의 전쟁터입니다. 차별화를 위해서는 사람들의 마음속에 강력한 흔적을 남겨야 합니다. 특히 명품 브랜드들은 자사의 브랜드를 플래그십^{Flagship}으로 포지셔닝하기 위한 브랜드 메시지를 개발하는 데 많은 투자와 노력을 기울입니다.

파텍 필립^{Patek Philippe}이라는 시계 브랜드가 있습니다. 아마 시계에 관심이 많지 않은 분들에겐 익숙하지 않은 브랜드일지도 모르지만, 파텍 필립은 앞서 언급한 롤렉스보다 더 높은 가격대를 형성하고 있는 세계 최고의 명품 시계 브랜드입니다. 이러한 브랜드들은 어떤 방식으로 자신들이 주장하는 가치를 고객들과 커뮤니케이션하는 것일까요? 파텍 필립이 고객을 설득하는 비밀은 다른 브랜드와는 차별화된 특별한 브랜드 슬로건이었습니다.

대부분의 시계 브랜드들은 광고에 연예인 등의 스타를 모델로 등장시켜 고급스러운 이미지를 획득하고자 합니다. 그런데 이러한 광고들은 모두 전형성을 띠고 있습니다. 멋진 포즈를 취한 유명 연예인이 손목에 차고 있는 시계가 비춰집니다. 바다 혹은 파티장을 배경으로 한 장소에서 멋들어진 수트를 입고 있는 남자 모델, 드레스를 입고 있는 여자모델은 어딘가를 응시합니다. 그리고 클로즈업된 시계 이미지가 마지막을 장식합니다. 장르를 불문하고 대부분 명품 브랜드 광고들은 거의 이와 같은 형식을 띠고 있습니다.

파텍 필립은 이처럼 전형적인 명품브랜드들의 광고 공식에서 벗어나 새로운 도전을 해보기로 합니다. 이를 위해 대대적인 소비자 조사를 실시했고, 이를 통해 연예인을 주인공으로 하는 광고가 고객들에게 그다지 효과적으로 작용하지 않는다는 사실을 확인하게 됩니다. 단순히 유명인들이 제품을 차고 있다는 것만으로는 더 이상 고객들의 공감을 이끌어내지 못할 뿐 아니라, 구매에 대한 충분한 명분을 제공하지 못했던 것입니다.

따라서 파텍 필립은 새로운 컨셉의 광고 캠페인을 시작하기로 합니다. 그리고 이 광고의 슬로건을 통해 명품 브랜드로서의 최고의 자리를 더욱 확고히 할 수 있게 됩니다.

파텍 필립 Generation 캠페인

"당신은 파텍 필립을 소유한 것이 아닙니다.
다음 세대를 위해 잠시 맡아두고 있을 뿐입니다."

"You never actually own a Patek Philippe.
You merely look after it for the next generation."

단순히 시계를 소유한 것이 아니라 다음 세대를 위해 잠시 맡아두고 있다는 파텍 필립의 브랜드 슬로건이 어떻게 느껴지시나요? 이 문구가 사람들의 마음을 움직이는 이유는 바로 '의미와 명분'에 있습니다. 나를 위해 큰 금액을 지출하는 것은 마음의 부담이 된다하더라도 다음 세대를 위해 지출하는 것이라면 조금은 그 부담이 덜하지 않을까요? 게다가 다음 세대까지 이어질 수 있을 정도의 시계라는 의미를 내포한 이 슬로건은 브랜드의 가치와 완성도에 대한 자부심이 느껴지기도 합니다. 이렇게 브랜드의 슬로건은 고객들이 자신들의 브랜드를 왜 선택해야 하는지를 확실하게 설득할 수 있어야 합니다. 동시에 아주 짧은 시간 안에 선택의 명분을 제공하는 역할을 합니다.

**브랜드는 한마디, 한 문장으로
명확하게 표현되어야 합니다.**

**3초 안에 설명할 수 없다면
실패하는 것입니다.**

브랜드에 대해 이러쿵저러쿵 설명해야 한다면 제아무리 좋은 상품, 서비스를 갖추고 있다 할지라도 경쟁의 기회를 얻는 것조차 쉽지 않습니다. 이제는 너무나도 많은 광고와 콘텐츠들이 넘쳐나고, 수없이 많은 비슷비슷한 상품과 서비스들이 존재합니다. 고객들은 더 이상 브랜드가 이야기하는 길고 지루한 설명을 감수할 필요가 없어진 것이죠.

그렇기 때문에 브랜드에서 한 문장, 한마디가 갖는 힘은 말할 것도 없습니다. 사람들의 마음을 사로잡는 한 마디는 브랜드의 운명을 바꾸어 놓습니다. 나이키의 "JUST DO IT", 애플의 "THINK DIFFERENT"와 같은 슬로건은 해당 브랜드의 정체성이 무엇인지, 고객들이 왜 자신의 브랜드를 선택해야 하는지에 대한 의미와 명분을 한 문장으로 압축하여 표현하고 있습니다. 한 문장, 한마디는 브랜드뿐만 아니라, 역사를 바꾸어 놓기도 합니다.

"나는 꿈이 있습니다." _ 마틴 루터 킹 주니어
"그래도 지구는 돈다." _ 갈릴레오 갈릴레이
"국민의, 국민에 의한, 국민을 위한" _ 에이브러햄 링컨
"신은 죽었다." _ 니체

혹시 드비어스$^{De Beers}$라는 브랜드를 알고 계신가요? 드비어스는 전 세계 다이아몬드 시장을 지배하고 있는 브랜드로, 다이아몬드를 사실상 결혼의 필수품으로 만들어낸 장본인입니다.

20세기 전까지 다이아몬드는 일반 사람들은 구경조차 하기 어려운 사치품이었습니다. 다이아몬드가 지금처럼 익숙하고 상징적인 의미를 갖는 보석이 되기까지 다양한 역사와 과정을 거쳤습니다. 그 중심에 역시 한마디, 한 문장의 브랜드의 슬로건이 자리잡고 있습니다.

1876년 남아프리카 공화국에서 대량의 다이아몬드가 발견되기 전까지 다이아몬드는 굉장히 희귀한 보석이었습니다. 고작해야 인도의 광산에서 소량을 캐내는 것이 전부였다고 합니다. 하지만 남아프리카 공화국 킴벌리에서 같은 기간 인도에서 생산되는 다이아몬드의 수십 배가 넘는 양이 생산되면서 다이아몬드의 가격이 갑자기 떨어지기 시작합니다. 이처럼 다이아몬드가 희소성이 없는 보석으로 전락하자 사람들은 서서히 다이아몬드에 흥미를 잃고 다른 보석으로 관심을 돌리게 되었던 것입니다.

공급과잉으로 희소성이 떨어진 다이아몬드의 가치를 다시 회복시키기 위해, 이미 다이아몬드 광산에 많은 투자를 한 영국의 다이아몬드 사업가 세실 로즈Cecil Rhodes는 남아프리카 공화국에서 다이아몬드를 채광하는 거의 모든 회사를 사들입니다. 공급량을 조절하여 가치를 회복시키기 위한 목적이었지만, 공급량을 조정한다고 해도 이미 가치가 떨어진 다이아몬드를 이전의 수준으로 회복하는 것은 쉬운 일이 아니었습니다. 엎친 데 덮친 격으로 다이아몬드 재고는 쌓여가기 시작합니다.

1938년, 드비어스는 이 문제를 해결하기 위해 미국의 광고회사 N.W.에이어와 함께 다양한 채널을 통해 고객 커뮤니케이션을 진행합니다. 먼저 다양한 유명인들에게 다이아몬드를 협찬하여 꾸준히 브랜드 가치를 높이는 활동을 지속합니다. 1945년, 드비어스의 협찬을 받은 여배우 조안 크로프드Joan Crawford가 아카데미 여우주연상을 수상하게 됩니다. 두 번의 이혼을 경험한 그녀는 시상식에서 "다이아몬드처럼 영원한 사랑을 할 수 있다면 얼마나 좋겠어요"라고 이야기를 합니다. 여기에서 영감을 받은 N.W.에이어의 카피라이터는 드비어스의 브랜드 슬로건을 만들게 되는데, 이 슬로건은 20세기를 광고 역사에 획을 긋는 사건으로 기록됩니다.

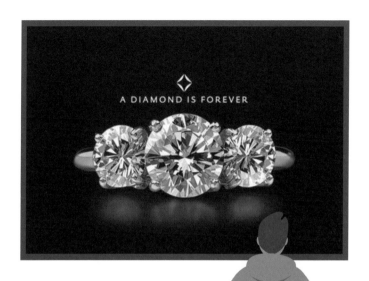

A DIAMOND IS FOREVER

드비어스 브랜드 슬로건

"다이아몬드는 영원히"
"A DIAMOND IS FOREVER"

이 브랜드 슬로건으로 다이아몬드는 영원한 사랑의 상징이 되었습니다. 미국인들 사이에서 드비어스는 90퍼센트 이상의 브랜드 인지도를 획득하게 됩니다. 뿐만 아니라, 원래 극소수의 상류층들이 약혼 또는 결혼 시 주고받던 다이아몬드가 일반인들 사이에서도 서서히 일반적인 문화로 자리잡게 됩니다.

지금까지 살펴보았듯 브랜드가 사용하는 한마디, 한 문장의 힘은 브랜드의 미래를 결정합니다. 그렇기 때문에 실제 브랜드 컨설팅을 진행할 때도 이처럼 브랜드의 운명을 바꾸는 한 문장을 찾아내기 위해 시장, 고객, 자사 등에 대한 다양한 분석과 브랜드의 내부 관계자, 고객 등을 인터뷰합니다. 일반적으로 브랜드를 나타내는 한 줄의 문장을 단순한 광고카피 정도로 생각하기 쉽습니다. 하지만 그 한 문장이 사람들의 마음을 움직이는 힘은 강력합니다.

한 줄의 전략은 브랜드의 운명을 바꿉니다.

그리고 이 짧은 한 줄을 위해 수개월 동안 가설을 수립하고 자료를 조사하며 고민에 고민을 거듭합니다. 요즘 같이 브랜드에 대한 광고와 정보가 넘쳐나는 시대에, 3초 안에 브랜드를 설명할 수 없다면 실패한다는 것을 잘 알고 있기 때문입니다.

한 남성화장품 브랜드 컨설팅을 수행했을 때의 이야기입니다.

해당 브랜드의 고객을 정의하기 위해 조사를 하던 중 몇 가지 재미있는 사실을 발견하게 되었습니다. 먼저 대부분의 남성들은 자신들의 피부타입이 무엇인지 모르는데다, 심지어 스킨로션 등의 기초화장품에 대한 지식이 거의 전무하다시피 했습니다. 물론 화장품에 대한 관여도가 높은 그루밍족Grooming이라고 하는 남성들도 있었지만, 이들은 자신들의 피부타입과 선호에 따라 여성용 화장품을 사용하기도 하는 구매성향을 가지고 있었습니다.

다양한 가설과 이를 입증하는 조사결과를 바탕으로 가장 먼저 화장품에 대한 관여도가 낮은 남성을 브랜드의 핵심고객으로 정의했습니다. 그리고 남편이나 남자친구 등, 주변 남성을 위해 선물용으로 화장품을 구매하는 여성들을 두 번째 고객으로 정의했습니다.

화장품의 성분이나 피부타입 등에 대한 정보에는 관심이 없지만, 막연히 피부가 당겨서 뭔가 바르긴 발라야 할 것 같은 남성. 사실 이들은 화장품을 왜 발라야 하는지, 어떤 화장품이 자신에게 맞는 것인지 대략적인 이유조차 설명하지 못하는 사람들이었습니다. 물론 저도 여기에 포함됩니다.

남성고객들이 가지고 있는 화장품에 대한 고객문제는 무엇일까요? 표면적으로는 피부 트러블, 피부 당김, 여드름, 번들거림 등 남성들이 이야기하는 문제는 다양했습니다. 하지만 우리는 고객문제의 본질을 다르게 정의했습니다. 화장품에 대한 저관여도 남성들의 진짜 문제는 잘 모르는 데서 오는 '막연함'에 있다는 것입니다.

즉, 잘 모르지만 막연한 마음으로 '그냥' 쓰고 있다는 것입니다. 이들은 화장품에 별다른 관심이 없었습니다. 자세히 알고 싶지도 않고, 또 왜 알아야 하는지에 대한 필요성도 느끼지 못하는 사람들인 것입니다. 화장품을 '그냥' 쓰는 사람들… 우리는 남성화장품의 저관여도 고객들이 화장품을 '그냥' 쓴다는 사실에 초점을 맞추고 다음과 같은 한 줄의 브랜드 카피를 제안했습니다.

브랜드의 커뮤니케이션을 '그냥'이라는 단어에 초점을 맞추고 정체성을 명확하게 정의했고, 결과는 대성공이었습니다. 시간이 지나자 고객들은 이 화장품을 '그냥 올인원'이라 부르기 시작했습니다.

그냥 바르세요
결코, 그냥 만들지 않았습니다.

남성화장품 Rx88 브랜드 슬로건

"그냥 바르세요"
결코 그냥 만들지 않았습니다.

똑같은 상품을 똑같은 채널과 똑같은 방법으로 커뮤니케이션 했지만 결과는 많이 달랐습니다. 표면적으로는 브랜드를 나타내는 말 한마디를 바꿨을 뿐입니다. 하지만 고객 정의, 브랜드 정체성, IMC 등 경영 전략의 모든 것이 바뀐 것이죠.

우리는 언어의 감옥에 살고 있습니다. 언어는 우리의 사고방식에 직접적인 영향을 미칩니다. 예를 들어 병원에서 수술을 받아야 하는 환자에게 생존 확률이 90%에 달한다고 강조하는 것과 사망할 확률이 10%임을 강조하여 말하는 것은 결국 같은 이야기지만, 받아들이는 입장에서는 완전히 다른 의미가 됩니다. 또는 누군가를 묘사할 때 긍정적인 면을 먼저 언급하는지, 부정적인 면을 먼저 언급하는지에 따라 같은 이야기도 완전히 다른 맥락으로 전달됩니다. "게으르고 이기적이지만 정의로운 사람"과 "정의롭지만 이기적이고 게으른 사람"이 같은 단어를 가지고도 의미가 다르게 전달되는 것처럼 미묘한 언어의 차이가 우리의 사고방식을 프레이밍하는 것입니다. 브랜드 마케팅을 하는 사람들은 이 사실을 너무나도 잘 알고 있습니다(물론 정치나 언론 매체만큼 자유자재로 프레임을 쥐락펴락하는 정도는 아니지만).

인터넷 뉴스 기사 또는 광고 제목을 보고 클릭했다가 소위 말해 한

번쯤 낚인 경험이 있을 것입니다. 언어가 사람들의 궁금증과 호기심을 유발하여 행동하게 만드는 것은 기본입니다. 이를 넘어 마음만 먹으면 진실의 맥락을 교묘하게 편집하여 원하는 방향으로 왜곡하는 것은 일도 아닙니다. 역사적으로 대중을 선동하는 데 탁월한 재주가 있었지만, 그 능력을 잘못된 방향으로 사용했던 사람이 있었습니다. 독일 나치정권의 요제프 괴벨스Paul Joseph Goebbels입니다. 그는 이렇게 이야기합니다.

"나에게 한 문장만 달라. 누구든 범죄자로 만들 수 있다."

괴벨스는 지금까지도 광고나 언론 등의 대중 커뮤니케이션 분야에서 한 번씩은 언급될 정도로 대중 커뮤니케이션과 선동, 선전, 설득에 능한 사람이었습니다. 만약 그 당시 누군가 괴벨스에게 "나는 가족을 사랑합니다."라는 말을 했다면, 괴벨스는 그에게 "그렇다면 국가는 사랑하지 않는다는 말인가?"라며 반역죄를 뒤집어씌웠을 것입니다. 이런 식으로 마음만 먹으면 진실을 편집하는 것은 일도 아닙니다.

오늘날도 그때와 그리 다르지 않은 것 같습니다. 우리는 여전히 누군가의 특정한 의도가 담긴 왜곡된 사실과 편집된 진실로 오염된 정보에 노출되어 있습니다. 언어를 통해 영향력을 행사하는 사람들, 언어를 다루는 업을 가진 사람들의 윤리적, 도덕적 엄격함과 책임의식이 필요한 시대입니다. 한 마디의 말은 브랜드뿐만 아니라, 역사를 바꾸는 힘을 가지고 있기 때문입니다. 말 한 마디에 전쟁이 일어나기도 하고, 말 한 마디에 평화가 찾아오기도 합니다. 브랜드의 영역에서는 말할 것도 없습니다.

말 한 마디가 가지고 있는 힘을
과소평가하지 마세요.

그 말 한 마디에
브랜드와 역사의 운명이
바뀔 수 있습니다.

브랜드의 운명을 바꾸는 한 줄

대중성의
모순

"사람을 죽이는 것은 금기다. 그래서 모든 살인은 처벌을 받는다.
하지만 많이 죽여서 나팔 소리를 울렸을 때는 예외다."

– 볼테르

2013년 10월 13일, 미국의 뉴욕 센트럴파크 앞에 한 노인이 그림을 파는 작은 노점을 엽니다. 그림의 가격은 크기나 종류에 상관없이 무조건 한 점당 60달러, 우리 돈으로 약 66,000원입니다. 오전부터 차려진 이 노점을 찾는 사람은 거의 없었습니다. 오후가 한참 지나서야 드디어 첫 손님이 구매를 합니다. 하지만 그 손님마저 가격을 흥정하는 바람에 제값을 받지도 못하고 50퍼센트나 할인을 해주고 나서야 겨우 두 점의 그림을 판매합니다.

저녁 6시가 되자 노점은 문을 닫습니다. 이 날 팔린 그림은 총 8점으로 매출은 420달러(약 462,000원), 구매고객은 고작 3명입니다.

이 정도면 하루 매출치고는 꽤 괜찮은 정도일까요? 하지만 다음날, 그림들이 60달러에 팔린다는 정보를 입수한 사람들은 난리가 났습니다. 사람들은 뒤늦게 그림을 구매하기 위해 곧장 센트럴파크로 달려갔지만 이미 그림을 판매하는 노점은 사라지고 다시 열리지 않았습니다.

 하루 종일 가판에 내놓고 판매할 때는 아무도 거들떠보지 않더니, 갑자기 사람들이 그림을 구매하기 위해 달려간 이유는 무엇이었을까요? 그것은 바로 가판에 진열되었던 그림이 모두 세계 최고의 예술가 중 한 명인 뱅크시의 작품이었기 때문입니다. 물론 모두 뱅크시가 직접 그린 진품이었구요. 뱅크시의 작품은 미술품 경매에서 보통 10억에서 20억 정도에 거래되니, 10억짜리 그림을 6만 원 정도에 구매한 사람들은 소위 로또를 맞은 것이나 다름없었던 것입니다.

 뱅크시는 사람들에게 얼굴 없는 거리의 예술가라고 불립니다. 스스로는 자신을 예술 테러리스트라고 합니다. 물론 뱅크시라는 이름은 가명입니다. 영국의 한 밴드의 멤버인 로버트 델 나자가 뱅크시라는 이야기도 있고, 로빈 거닝햄이라는 거리의 예술가가 뱅크시라는 이야기도 있습니다. 정확히 누구인지는 밝혀지지 않았습니다. 그는 거리의 벽에 그림을 그리는 그래피티 아티스트이자, 2010년에는 〈선물 가게를 지나야 출구〉라는 영화를 만들어 아카데미 최우수 다큐멘터리와 시카고 비평가 협회상을 수상한 영화감독이기도 하지만, 무엇보다 밤이 되면 거리의 벽에 자신이 전달하고자 하는 메시지가 담긴 그림을 그리고 달아나는 등 다양한 이슈를 몰고 다니는 예술가로 유명합니다.

2018년 10월, 뱅크시는 자신의 그림이 15억 원에 낙찰되자 액자 속에 미리 설치해두었던 파쇄기로 그림의 절반을 갈기갈기 찢어버립니다. 그 다음 날 뱅크시는 SNS에 해당 영상과 함께 "파괴하려는 충동은 곧 창조의 충동"이라는 피카소의 말을 인용한 글을 올립니다. 하지만 더 재미있는 점은 그림의 절반이 훼손되면서 해당 작품의 가격이 2배 이상 뛰었다는 사실입니다.

2005년에는 뉴욕 자연사 박물관, 프랑스 루브르 박물관, 영국 대영박물관 등에 잠입해서 돌 조각에 미리 그려둔 풍자적인 그림을 몰래 전시하기도 합니다. 물론 이런 행위는 발각되면 바로 잡혀가게 되는 불법입니다. 그런데 사람들은 그를 비난하기는커녕 오히려 열광합니다. 이런 일이 반복될수록 뱅크시라는 브랜드의 가치와 작품의 가격도 점점 높아지고 있구요.

뱅크시가 그림을 그리는 벽과 건물은 항상 사람들의 주목을 받습니다. 그 때문에 덩달아 건물의 가격이 오르곤 합니다. 아마 세상의 건물주들은 제발 뱅크시가 자신의 건물에 몰래 와서 그림을 그려줬으면 하는 바람을 가지고 있을 것입니다. 그의 작품은 언제 어디로 튈지 아무도 모릅니다. 기왕이면 우리나라에서도 지금까지의 주제의식을 담은 그림을 벽에 몰래 그려줬으면 하는 생각도 해봅니다.

다시 돌아와 뱅크시의 그림을 6만 원에 판매한 노점 이야기를 생각해볼까요? 당대 최고의 예술가로 손꼽히는 뱅크시의 그림이 6시간 동안 고작 3명에게 8점밖에 팔리지 않았던 이유는 무엇일까요?

우리에게 팝아트로 유명한 앤디 워홀은 "일단 유명해져라. 그러면 사람들은 당신이 똥을 싸도 박수를 쳐줄 것이다."라는 말을 남깁니다. 결국 예술의 가치가 예술 그 자체보다는 이름으로 매겨진다는 것입니다. 이름이라는 것이 무엇인가요? 결국 브랜드입니다. 그럼 브랜드는 무엇인가요? 브랜드는 차이를 생산하는 것입니다. 그렇다면 차이는 어디에서 오는 것일까요? 희소성, 차별성, 독특성 등을 통해 획득할 수 있는 것입니다. 또한 그런 다양한 요소들을 완벽하게 갖춘 브랜드가 바로 '사람'이라고 이야기한 바 있습니다.

사람들이 예술의 가치를 평가하는 기준은 결국 무엇이냐가 아니라 누구냐에 의해 결정됩니다. 그림은 별다른 기능적 요소 없이, 종이 한 장 가격치고는 상상할 수 없을 정도의 가치를 인정받습니다. 사람들은 그림을 구매하는 것이 아니라 예술가의 생각에 투자합니다. 좋은 그림은 흔하지만, 예술가가 가지고 있는 생각과 철학은 흔하지 않기 때문에 투자의 가치가 발생합니다.

기존의 틀과 관념을 비트는 생각, 기존의 질서를 다르게 바라보는 예술가의 시선은 그 자체로서 철학적 가치를 인정받습니다. 그리고 상당한 액수의 돈으로 매겨진 작품의 가치는, 그 액수가 대중적인 범주를 벗어났을 때, 대중적이지 않지만 대중적으로 알려진 작품으로 거듭납니다. 그리고는 대중성이 가격을 올리고, 가격은 가치를 상승시키고, 가치는 더 높은 가격을 만들어 작품은 끊임없이 더 유명해지기 시작합니다.

가격이 대중적이지 않을수록,
작품은 대중적으로 성공합니다.

문제는 대중적으로 성공한 작품의 가치가 어디에서 비롯되는지는 아무도 모르게 된다는 것입니다. 진짜 작품의 가치가 어느 정도인지

가늠할 수 있는 기준이 사실상 부재하는 상태가 되어버린 것입니다. 이때 작품의 가치를 쉽게 판단할 수 있는 준거점이 바로 작가인 것입니다. 하지만 여전히 대중들은 왜 작품의 가치가 그 정도로 매겨지는지 확신하지 못합니다. 사실 그림을 그린 사람도 제대로 알지 못하는 작품의 가치를 다른 사람이 어떤 기준으로, 어떻게 판단할 수 있겠습니까?

여기에 작품의 가치를 대중들이 납득할 수 있을 만한 증거로 제시하는 시스템이 있습니다. 바로 '미술관'입니다. 그림이 걸리는 미술관은 그림의 가치를 보증하는 역할을 합니다. 결국 작품의 가치를 결정하는 요소는 두 가지로 압축할 수 있습니다.

누가 그린 그림인가?
어디에 걸린 그림인가?

여기에 어떤 그림인가라는 질문은 중요하지 않습니다. 뱅크시가 길거리 노점에서 보여줬던 실험은 이를 증명합니다. 짐작컨대 뱅크시는 이러한 사회적 시스템의 모순과 기존의 관습이 보여준 한계를 보여주기 위해 이와 같은 일련의 활동들을 하는 것 아닐까요? 하지만 그 역시 이러한 한계를 완전히 벗어나지 못합니다. 먼저 뱅크시의 그림은 뱅크시의 그림이라서 가치가 있기 때문입니다. 또한 그의 그림이 향하는 곳이 미술관이 아니라고는 하지만, 사실 뱅크시는 미술관보다 더 강력한 힘과 영향력을 가지고 있는 장소에 자신의 그림을 걸어 놓습니다.

"미디어, 그리고 대중매체"

뱅크시의 그림이 가지는 가치는 뱅크시라는 이름과 미디어라는 장소가 증명합니다. 뱅크시라는 이름이 작품을 대중적이지 않은 가격으로 만들어 놓으면, 미디어는 대중들에게 이에 대한 가치를 노출시켜 뱅크시의 그림을 대중적인 작품으로 만들게 되는 것이죠.

대중적인 것만으로는 대중적으로 성공하기 힘듭니다. 1970년, 장 보드리야르는 소비의 이면에 기능적 가치가 아닌 상징적 가치에 대한 욕구발현이 숨겨져 있다고 이야기합니다. 이미 그때부터 상징적 차별성을 토대로 나와 타자를 구별하게 하는 의미중심 소비의 단서가 있었다는 것입니다. 인간이 가진 개인으로서 자아는 '~으로부터' 벗어나고 싶어 하지만, 대중으로서의 자아는 어디엔가 속하고 싶어 합니다. 개인으로서 자아는 다른 사람들과 나를 구별 짓고 싶어 하지만, 대중으로서의 자아는 차별받고 싶어 하지 않습니다. 독립적인 삶을 추구하지만 대중으로부터의 고립을 원하지 않습니다.

　개인으로서의 주체성과 집단으로서의 대중성은 도저히 양립할 수 없는 모순적인 욕망에 기초하면서도 동시에 공존합니다. 대중은 대중적인 것을 편안하게 느끼면서도 대중적인 것에는 차별적 가치를 부여하지 않습니다. 이제는 모두가 알고 있습니다. 사람들에게 차별적 가치를 제공하지 못하는 상품과 서비스는 성공하지 못한다는 사실 말입니다. 바야흐로 비주류를 위한 비주류가 주류가 되는 시대가 온 것입니다. 우리가 잊지 말아야 할 점이 있습니다. 대중을 움직이는 차별적 가치는 '누구'에서 시작합니다. 누군가의 생각, 누군가의 행동, 누군가의 발견에 새겨진 이름의 가치가 곧 브랜드인 것입니다.

"오늘 여러분의 이름에
새겨진 가치는 무엇입니까?"

악보를 볼 줄
모르는 연주자들

"어떤 현상을 숫자로 표현하지 못하는 것은 문제를 정확히 알지 못한다는 것이고, 정확히 모른다는 것은 관리할 수 없다는 것이며, 관리할 수 없다는 것은 현재 상태를 개선할 수 없다는 의미다."

　– 피터 드러커

　악기를 다루는 연주자들을 보면 어떤 생각이 드시나요? 저는 피아노를 잘 치는 것이 살면서 꼭 이루고 싶은 버킷리스트 중 하나입니다. 최근 〈그린 북〉이라는 영화를 보고 난 후로 피아노에 대한 저의 짝사랑이 더욱 커졌습니다. 사실 그동안 몇 번인가 피아노를 배우려고 시도한 적이 있습니다. 잠깐이지만 학원을 다녀본 적도 있고, 지금도 집 거실 한 가운데에는 언제라도 피아노 연습을 할 수 있도록 디지털 피아노가 놓여있습니다. 그런데 막상 피아노를 배우려고 하면 쉽지가 않습니다. 가장 먼저 어려움을 느끼는 것은 바로 악보입니다. 기본적인 악보도 볼 줄 모르는 까막눈이 피아노를 배우려니 시작부터 답답함이 밀려옵니다.

아무래도 피아노를 배우려면 기본적인 악보는 이해하고 볼 줄 알아야 독학을 하든, 혼자 연습을 하든 시작이라도 할 수 있을 것 같습니다. 악보에 상관없이 오랜 시간 건반을 이리저리 눌러봐도 도무지 상상했던 소리가 나오지 않습니다. 가끔 우연히 괜찮은 음을 연주한다 해도 다시 그 소리를 재연하기 어렵습니다. 이런 상황이 되다보니 좀처럼 피아노에 대한 흥미는 지속되지 않고 급격히 떨어집니다. 결국 거실에 있는 피아노는 인테리어 장식용으로 전락한 지 오래입니다. 그렇게 시간이 지나면서 피아노는 쓸데없이 비싼 옷걸이가 되기도 합니다.

악기를 연주하는 전문적인 연주자들 가운데 악보를 볼 줄 모르는 연주자들이 있을까요? 물론 프로그램에 의존하는 일부 작곡가들이 악보를 볼 줄 모르지만 본인의 감각으로 곡을 만든다는 이야기는 들어본 적이 있습니다. 아주 특수한 경우지만 시각장애인 연주자들도 여기에 속합니다. 하지만 이들은 악보를 볼 수 없다는 한계를 극복했다는 점에서 특별히 존경받아 마땅한 경우입니다.

악보를 볼 줄 모르는 연주자가 다른 연주자들과 어떻게 원활하게 협주를 할 수 있을까요? 음악을 듣고 혼자 연주할 수는 있겠지만, 새로운 곡이 주어졌을 때에도 곧바로 다른 연주자들과 함께 연주할 수 있을지는 의문입니다.

피아노를 배우려다 보니 우선 악보를 볼 줄 아는 것이 기본이라는 생각이 들었습니다. 그래야만 체계적인 연습과 개선이 가능하고, 이를 꾸준히 지속할 수 있는 힘이 생길 테니 말입니다. 무슨 일이든 기본기를 닦는 과정이 없다면 금세 한계에 부딪히고 말 것입니다.

다시 직업병이 도집니다. 피아노에 대한 경험을 회상하다 보니 자연스레 경영, 마케팅, 브랜드에 대한 관점으로 생각이 옮겨졌습니다. 피아노 연주자가 악보를 읽듯이 경영자나 마케터, 그리고 브랜드를 다루는 사람들이 볼 줄 알아야 하는 경영의 악보는 무엇일까? 경영의 기본이 되는 것. 이것을 볼 줄 모르면 체계적인 훈련과 개선이 불가능한 것. 이것을 모르면 금세 한계에 부딪히고 지속가능성을 상실하는 것. 이쯤 되면 아마 자연스럽게 떠오르는 단어가 있을 것입니다. 맞습니다.

**경영이란 곡을 제대로 연주하기 위한
악보는 바로 '숫자' 입니다.**

하지만 생각보다 많은 경영자와 마케터들이 종종 이런 말을 하곤 합니다. "숫자는 중요하지 않아요." 그렇습니다. 숫자는 전부가 아닙니다. 훌륭한 그리고 유능한 경영자는 눈에 보이는 숫자만으로 의사결정을 하지 않습니다. 숫자가 보여주는 이면을 통찰하는 의사결정, 이런 전략을 도출해내는 것이 진정한 경영자이고 유능한 마케터의 역할입니다.

이들에게 숫자가 중요하지 않다는 말은, 단순히 눈에 보이는 숫자에 집착하지 말아야 한다는 의미로 사용됩니다. 보통 숫자가 중요하지 않다고 말할 정도의 높은 수준을 가진 사람이라면 의식적으로 숫자를 끊임없이 의심합니다. 숫자라는 현상이 미처 보여주지 못하는 이면의 본질을 놓치지 않기 위해서입니다.

그런데 요즘 많은 경영자, 특히 마케터들 사이에서 "숫자가 중요하지 않다"는 말이 마치 자신은 숫자에 얽매이는 고리타분한 사람이 아니라는 뜻으로 사용되는 것 같습니다. 숫자를 무시하는 것이 꽤나 감각적이고 직관이 뛰어난 사람이라는 것을 드러내는 듯한 용어로 통용되고 있는 것입니다. 여기까지는 괜찮습니다. 그런데 문제는 지금부터입니다. 지금까지 만나본 사람 중, 숫자가 중요하지 않다고 강조하여 말하는 경영자와 마케터들은 재무제표를 비롯한 각종 경영지표와 통계, 마케팅에 대한 기본적인 숫자도 이해할 줄 모르는 까막눈이 대부분이었습니다. 주어진 데이터에 대한 인과관계와 상관관계에 대한 개념은 차치하더라도 단순한 경영지표조차 숙지하지 못하고 있는 실정이었습니다. 숫자에 능숙하고 이를 제대로 볼 줄 아는 사람들조차 숫자가 중요하지 않다는 말을 웬만해선 쉽게 내뱉지 못합니다. 하지만 도리어 숫자를 볼 줄 모르는 사람들이 공적인 자리에서 숫자는 중요하지 않다는 말을 쉽게 내뱉는 모습을 자주 보게 됩니다.

경영자가 숫자를 볼 줄 모르는 것은 악기를 연주하는 연주자가 악보를 볼 줄 모르는 것과 같습니다. 그 어떤 연주자도 자신이 악보를 볼 줄 모르는 것을 자랑삼아 이야기하지 않습니다. 더구나 악보를 읽는 것이 중요하지 않다는 말을 하는 경우도 없습니다. 만약 그렇게 말하는 연주자가 있다면 그는 이미 어느 정도의 경지를 넘어선 해당 분야의 거장일 가능성이 높습니다. 그런 경우가 아니라면 악보를 읽을 줄 모른다는 것을 자랑하는 연주자는 사람들의 웃음거리에 불과하게 되는 것입니다.

단순한 경영지표조차 이해하지 못하는 것은 경영자로서 부끄럽고 창피한 일입니다. 그런데 실제로 이것을 자랑처럼 이야기하는 경영자를 만난 적이 있었습니다. 프로젝트의 최종공유 자리에서 그 경영자는 '경영을 위한 지표나 시스템은 중요하지 않다'고 주장하면서, '경영지표와 시스템을 갖추면 백 퍼센트 성공할 수 있느냐'며 오히려 반문했습니다. 어디서부터 말을 이어가고 설명해야 할지 몰라 '네, 그렇군요' 하고 답변을 포기했던 기억이 납니다.

숫자가 중요하지 않다는 말은 진짜 숫자가 중요하지 않다는 말이 아닙니다. 자칫 숫자를 맹신해 숫자가 보여주지 못하는 현상의 이면을 놓치지 말라는 의미입니다. 대부분 숫자로 표현되는 경영지표들을 제대로 이해하지 못한다면 대체 구성원들과는 무엇을 기준으로 전략을 이야기하고 성과와 목표를 설정하는 것일까요? 아마도 경험에 의한 직관과 감이 숫자를 대신하고 있을 것입니다. 일이 잘 되고 있을 때는 직관과 감이 어느 정도 힘을 발휘한다고 착각하기 쉽습니다. 사실 알고 보면 단순한 확률에 불과하지만 이것을 실력이라고 착각합니다. 하지만 문제는 상황이 좋지 않을 때입니다. 막상 일이 생각처럼 풀리지 않거나 경영환경이 급변하게 되면 직감과 감에 의한 경영은 단숨에 방향을 잃게 됩니다.

물론 경험에 의한 직관과 감은 무시할 수 없는 나름대로의 의미가 있습니다. 이 역시 경험적 통계이기 때문입니다. 하지만 지난날의 성공에 취해 과거의 패턴을 복사해 미래에 그대로 붙여넣기하는 식의 경영은 결코 브랜드의 지속가능성을 위한 바람직한 의사결정 방식이 아닙니다. 언제까지 브랜드 구성원들의 삶이 걸려있는 의사결정을 순전히 우연에 맡겨야 할까요?

숫자와 정량적인 데이터를 기본으로 하는 경영이 주는 혜택은 다음과 같습니다.

[실패 반복가능성 ↓] · [의사결정 일관성]
[성공 재연가능성 ↑] · [커뮤니케이션 명확성]

데이터에 기반을 둔 의사결정은 실패의 반복가능성을 낮추고 성공의 재연가능성을 높이는 역할을 합니다. 다시 말해 실패의 확률을 낮추고, 성공을 반복할 수 있는 가능성을 높이는 것입니다. 또한 정량적 근거에 기반을 둔 의사결정은 일관성과 투명성을 확보할 수 있습니다. 이를 통해 구성원들이 납득 및 예측 가능한 경영으로 이해관계자들의 신뢰를 확보할 수 있게 되는 것입니다. 마지막으로는 커뮤니케이션의 명확성입니다. 예를 들어 '매출이 좋아지고 있다'와 같이 막연한 표현은 명확한 커뮤니케이션을 방해합니다. '좋아지고 있다'는 기준이 저마다 다를 수 있기 때문입니다. 좋아지고 있다는 것을 에둘러 표현하기보다는 "매출이 지난달 대비 10% 상승하고, 영업이익은 2% 상승했다"라는 식의 숫자로 정확하게 표현해야 서로 간의 커뮤니케이션에 노이즈가 생기지 않습니다. 물론 이런 식의 커뮤니케이션이 가능하려면 평소에 성과나 목표, 또는 매출에 대한 데이터를 알고 있어야만 합니다.

숫자로 표현할 수 있는 항목들은
숫자로 표현하는 습관과 노력을
기울이세요.

경영, 마케팅, 브랜딩을 위해 반드시 확인해야 하는 지표는 산업별로, 맡은 업무의 역할과 상황에 따라 다를 수 있습니다. 그렇다면 매출에 직접적으로 영향을 미치는 기본적인 요인들과 관리해야 하는 지표들을 간략하게 이야기해보겠습니다. 매출에 영향을 미치는 요인은 크게 네 가지로 분류할 수 있습니다.

신규고객 유입률 . 객단가 . 구매 리드타임 . 기존고객 이탈률

먼저 신규고객 유입률입니다. 새로운 거래를 창출해야 지속적인 관계를 위한 기회가 생깁니다. 매출을 발생시키는 요인 중 신규거래는 이제 막 시작한 브랜드, 또는 아직 성숙기에 접어들지 않은 산업에서 중요한 역할을 합니다. 하지만 신규고객만 유치한다고 해서 문제가 해결되지는 않습니다. 아무리 많은 신규고객이 유입되어도 기존고객의 이탈률이 높다면 밑 빠진 독에 물을 붓는 격입니다. 높은 신규고객 유입률과 낮은 기존고객 이탈률, 이 지표들을 주 단위로 관리하고 신규고객 유입률과 기존고객 이탈률이 변화되는 상황에 따라 전략을 수립하는 것이 기본적인 마케팅 부서의 업무 중 하나라고 보시면 될 것 같습니다.

그런데 신규고객 유입률이 높고, 기존고객 이탈률이 낮아도 성과가 나지 않는 경우가 있습니다. 바로 평균 객단가와 고객들의 구매 리드타임입니다. 1회 구매 시 발생하는 평균 객단가를 높이거나, 아니면 고객들이 상품을 구매하는 빈도와 주기를 단축시키는 것이 중요합니다. 이를 위해 수요의 가격탄력성을 분석하고 여기서 도출된 결과를 바탕으로 프로모션, 번들링, 할인 등의 가격정책을 수립하게 됩니다.

우리는 흔히 마케팅 4P^{상품, 가격, 프로모션, 유통채널}를 진부하다는 이유로 배제하는 경우가 있습니다. 하지만 4P 항목의 하나하나가 모두 브랜드의 핵심적인 전략입니다. 가격전략이 바뀌면 상품, 프로모션, 채널이 변합니다. 상품 전략이 바뀌면 가격, 프로모션, 채널이 변합니다. 이처럼 하나의 요인이 바뀌면 나머지 모든 항목의 전략이 변하는 것입니다. 전략의 변화는 성과에 직접적인 영향을 미칩니다. 경영에서는 그 어떤 요소와 요인들도 독립적으로 존재할 수는 없습니다. 모든 것이 유기적으로 연결되어 있는 것이죠. 정량적 숫자는 이런 항목들이 성과에 미치는 영향을 추적하고 의미 있는 변수를 찾아내기 위한 유일한 도구입니다.

연주자가
악보를 볼 줄 모르는 것은
부끄러운 일입니다.

경영자가
숫자를 볼 줄 모르는 것도
마찬가지입니다.

악보를 볼 줄 모르는 연주자들

가격할인이
성공하기 어려운 이유

"저가 전략은 좋은 인상을 심어주지 못한다. 할인에 끌려오는 고객은 충성심과 거리가 멀다. 그들을 잡기 위해서는 가격을 더 낮추는 수밖에 없다. 더욱이 일하는 직원도 점점 말을 듣지 않기 시작하고, 인건비는 계속 올라간다. 이런 상황에서 수익을 만들어내는 것은 불가능하다."

– 세스 고딘

　어떤 상품과 서비스가 브랜드의 신화가 담긴 철학과 이야기로 소통하지 못한다면 반드시 원가우위 전략으로 승부하게 될 수밖에 없는 상황에 놓이게 됩니다. 문제는 원가우위 전략은 누구나 할 수 있는 전략이 아니라는 점입니다. 가격으로 승부하는 전략은 장기적으로 최저가를 지속할 수 있는 규모와 충분한 인프라를 갖춘 해당 분야에 오직 1등만이 살아남을 수 있는 특징을 가지고 있습니다. 최저가는 오직 하나입니다. 누가 봐도 1등과 2등이 명확하게 나누어지는 경쟁이 될 수밖에 없겠죠?

**기능만으로는 유의미한 차이를 생산할 수
없을 정도로 기술이 상향평준화된 오늘날에는
가격의 차이가 아닌 의미의 차이가
더욱 중요해지고 있습니다.**

더구나 가성비라는 개념은 단순히 저렴한 가격을 의미하는 것이 아닙니다. 특정한 상품과 서비스가 상징하고 있는 의미와 가치에 비해 가격이 저렴하다는 정도로 해석하는 것이 좋습니다.

만약 여러분 중 낮은 가격에 차별점을 두는 비즈니스를 구상하고 있다면, 그리고 낮은 가격이 시장 진입전략이 아닌 전체 사업전략이라면 이쯤에서 그만둘 것을 권하고 싶습니다. 현실적으로 실행하거나 지속하기 어려운 비즈니스일 확률이 높습니다. 가격을 혁신하는 것은 여타의 다른 가치를 혁신하는 것과는 비교할 수 없을 정도로 어려운 일입니다. 물론 가능할 수 있다면 가장 파급력이 있는 수단입니다. 그럼에도 불구하고 많은 사람들이 낮은 가격을 차별점, 혹은 촉진의 수단으로 쉽게 생각하는 이유는 바로 직관의 오류에 있습니다.

예를 들어 인터넷 쇼핑몰에서 10만 원에 판매되고 있는 코트가 있다고 가정해볼까요? 누군가 낮은 가격을 무기로 시장에서 경쟁하려

가격할인이 성공하기 어려운 이유

고 합니다. 이 코트를 20% 할인해서 판매하면 크지는 않겠지만 약간의 가격 경쟁력을 갖출 수 있겠네요? 그럼 20%가 할인된 8만 원에 판매했을 경우를 가정하고 지금부터 간단한 계산을 해보도록 하겠습니다. 10만 원에 판매되는 이 코트의 도매가, 혹은 생산원가를 대략 5만 원 정도로 잡아보겠습니다. 간단하게 여기에 배송료, 판관비, 고정비, 변동비 등을 1만 원이라고 하겠습니다. 원래대로라면 6만 원이 원가인 코트를 10만 원에 판매했으니 4만원의 수익이 발생되어야 합니다. 그런데 여기에서 20%를 할인한 8만 원에 상품을 판매했으므로 수익은 2만 원이 됩니다.

할인을 하지 않을 경우 : 판매가 10만 원 – 원가 6만 원 = 수익 4만 원

20% 할인의 경우 : 판매가 8만 원 – 원가 6만 원 = 수익 2만 원

수익이 반토막 나버렸습니다. 20%의 가격 경쟁력을 확보하기 위해서 절반의 수익성을 희생했습니다. 혹시 처음에 생각했던 20% 할인이 수익성 50%를 깎아먹는 의사결정이라는 것을 인지하셨는지요. 표면적으로는 고객에게 전달되는 메시지는 20%의 할인이지만 실제로 판매자의 입장에서는 얼마를 할인할 셈인가요? 4만 원의 수익이 발생되어야 할 상품에서 2만 원의 수익을 낸 결과로 볼 때, 무려 50%의 할인을 한 것이나 다름없는 결과가 되었습니다.

한 달에 1000개씩 판매되는 코트가 있다고 가정해봅시다. 이 코트를 20% 할인판매할 경우, 할인 이전과 동일한 수익을 내려면 기존 판매량의 2배인 한 달에 2000개를 판매해야 한다는 결론이 나옵니다. 한 번 더 해보겠습니다. 할인율을 30%로 높인다면 어떨까요? 결과는 더 충격적입니다.

할인을 하지 않을 경우 : 판매가 10만 원 – 원가 6만 원 = 수익 4만 원

20% 할인의 경우 : 판매가 8만 원 – 원가 6만 원 = 수익 2만 원

30% 할인의 경우 : 판매가 7만 원 – 원가 6만 원 = 수익 1만 원

코트를 기존의 판매가에서 30% 할인할 경우,

판매자 입장에서는 실제로 75% 할인과 다를 바 없습니다.

할인 이전과 동일한 수익을 발생시키려면,

기존 판매량의 400%인 무려 4000개를

판매해야 한다는 계산이 나오기 때문입니다.

이조차 굉장히 보수적으로 잡은 수치입니다. 실제로 모든 비용 계산해보면 이보다 더 만만치 않은 결과를 확인하게 됩니다. 소위 앞으로 팔고 뒤로 밑진다는 표현이 이런 경우를 두고 하는 말이라고 할 수 있습니다.

많은 사람들이 이런 할인의 함정에 빠집니다. 심지어 대화를 하다 보면 현업에서 전략과 마케팅을 담당하는 전문가들조차 이런 직관의 오류에 빠지는 경우가 많습니다. 중요한 것은 이런 사실을 정확하게 인지하고 20% 할인으로 기존의 판매량을 2배 늘릴 수 있다면, 또는 30% 할인으로 판매량을 4배 늘릴 수 있는 가능성이 있다면 이런 전략을 시도해도 좋습니다. 하지만 대부분의 카테고리에서 그 정도의 할인이 불가능할 정도로 충분히 낮은 가격을 실현하고 있는 경쟁사가 이미 존재할 가능성이 높습니다.

지금까지의 주장에 이런 반론이 가능할 수 있을 것 같습니다. 원가와 소비자 가격의 갭이 큰 브랜드나 명품의 가격 거품 문제를 해결하면 경쟁해볼 만하지 않을까요?

그렇다면 제가 한 번 더 질문해보도록 하겠습니다. 스타벅스를 주로 이용하는 고객은 다른 카페의 커피가 저렴하다는 사실을 몰라서 스타벅스를 이용하고 있는 걸까요? 애플을 이용하는 고객들은 더 저렴하면서 속도가 빠른 다른 브랜드의 노트북과 스마트폰이 있다는 사실을 몰라서 애플을 구매하는 걸까요? 몽블랑을 구매하는 고객이 몇 십 배는 더 저렴한 필기구가 있다는 사실을 모르고 속아서 구매하는 걸까요? 아마도 대부분의 소비자들은 알면서도 구매하는 경우가 대부분일 겁니다. 커피 원두의 가격이 얼마인지, 일반적으로 볼펜의 가격은 어느 정도인지, 심지어 노트북과 스마트폰에 어떤 부품들이 사용되고 실제 제조원가는 얼마인지, 바로 검색만 하면 누구나 손쉽게 알 수 있습니다.

정보가 너무 많아서 쉽사리 선택하지 못하고 있다면 모를까, 사람들은 더 이상 정보가 부족하다는 이유로 차선의 브랜드를 선택하지 않습니다.

이미 대부분의 산업에서 충분히 검증된 만큼, 낮은 가격만을 무기로 하는 원가우위 전략으로는 지속가능한 성과를 창출하기 어렵습니다. 그래도 원가우위에 대한 미련이 남는다면 가격이라는 가치의 표현양식 외에 반드시 "왜 낮은 가격이어야만 하는가?" 그리고 "어떻게 낮은 가격을 실현할 것인가?"라는 질문에 대한 충분한 답변이 준비되어있어야 합니다. 가격에 대한 전략은 단순히 숫자 하나를 변화시킨다고 해결되는 문제가 아닙니다. 가격을 초월하는 가치와 의미가 담긴 차별적 존재양식이 동반되었을 때 낮은 가격은 비로소 빛을 발할 수 있게 됩니다. 그렇기 때문에 낮은 가격에 대한 전략도 시작부터 철저하게 낮은 가격에 대한 확고한 원칙과 철학이 중요합니다.

월마트, 이케아, 샤오미 등 저렴한 가격을 통해 경쟁우위를 차지하는 브랜드들은 창업 첫 날부터 모든 전략의 초점을 낮은 가격에 맞추었습니다. 또한 원가우위를 위해 가지고 있는 모든 자원과 역량을 낮은 가격이라는 하나의 가치에 집중했다는 사실은 결코 우연이 아닙니다. 낮은 가격은 누구나 쉽게 시도해볼만한 단순한 전략이 아닙니다. 이것은 브랜드가 태어나기 전부터 치열하게 고민한 창업자의 철학과 신념의 결과입니다.

할인의 이면에는 감추고 싶은 두 가지의 가능성이 숨어있습니다. 애초부터 상품이나 서비스가 가지고 있는 가치 이상의 가격으로 높게 책정했거나, 가격을 제외하면 고객들이 평가할만한 가치가 없는 것입니다. 그 이유가 어느 쪽이든 결과적으로 가격 전략은 실패한 것입니다.

아직까지 이미 계획되어있는 최선의 전략으로 할인을 선택하는 브랜드를 한 번도 만나본적이 없습니다. 거의 모든 브랜드의 할인은 곧 닥치게 될 위기를 모면하기 위한 어쩔 수 없는 차선책이었습니다. 혹시 여러분은 이미 충분히 잘되고 있는 브랜드가 스스로 가격을 낮추고 지속적으로 할인하는 장면을 보신적이 있나요?

할인이 아닌 다른 방법을 찾아보세요. 도저히 대안을 찾을 수 없다면, 처음부터 낮은 가격을 가치 제안으로 하는 브랜드를 새롭게 시작하는 편이 더 좋을 수도 있습니다.

할인은 광고입니다.

**브랜드에 문제가 생기기
시작했다는 광고.**

팬은 떠나고
고객만 남은 브랜드

"마음의 문을 여는 손잡이는 바깥쪽이 아닌 안쪽에 있다."

　- 게오르크 헤겔

　지금 사랑하는 연인이 옆에 계신가요? 아니면 사랑했던 연인, 또는 첫사랑을 기억하시나요? 이 글을 읽고 계신 분들 중에는 이미 결혼을 하신 분들도, 그렇지 않은 분들도 계실 텐데요. 사랑하는, 혹은 사랑했던 사람을 처음 만났을 때를 떠올려볼까요? 강의 중에 이런 질문을 던지면 결혼을 하신 지 좀 되신 분들은 종종 처음 만났을 때가 기억나지 않는다는 분도 계시고, 농담 삼아 그 순간이 인생에서 가장 후회되는 순간이라고 말씀하시는 바람에 장내 분위기를 웃음바다로 만드는 경우가 있습니다. 이러나저러나 지금 함께하고 있는 사람과의 기억을 더듬어보면, 남은 삶을 함께하기로 마음먹은 이유, 아마 그 시작은 바로 '사랑'이었을 겁니다.

그런데 처음 남녀가 서로 사랑에 빠지는 이유를 곰곰이 생각해보면 뭔가 석연치 않은 부분이 있습니다. 딱히 시간과 원인을 확정 지을 수 없는 어느 순간, 남녀는 자신도 모르는 사이에 사랑의 감정을 느끼게 됩니다. 그런데 인생의 가장 중요한 의사결정이라고 할 수 있는 운명의 순간, 그 짧은 찰나의 감정에 개입하는 요소는 이성적이고 합리적인 판단과는 거리가 멀어 보입니다. 아마 사랑에 빠지는 과정이 이성적이고 합리적인 의사결정 시스템을 바탕으로 이루어진다면 로미오와 줄리엣 같은 소설과 영화, 구구절절한 시와 노래는 세상에 존재하지 않았을 겁니다.

하지만 돌이켜 생각해보면 우리가 상대방에게 호감 또는 사랑의 감정을 느끼는 이유는 대부분 단순합니다. 바로 한 가지의 강력한 매력입니다. 상대방이 가진 매력이라는 강점 덕분에 우리는 사랑에 쉽게 빠집니다. 그 누구도 여러 가지 상황과 상대방의 장점과 단점을 고려한 뒤, "이 사람은 다른 사람에 비해 상대적으로 단점이 적으니, 이 사람에게 사랑의 감정을 느껴야지" 하는 합리적 판단을 거쳐 사랑에 빠지는 경우는 없습니다.

우리가 사랑에 빠지게 되는 이유는 단순합니다.
"한 가지의 매력, 또는 강력한 장점 하나"

상대적으로 단점이 적다는 이유로 사랑에 빠지는 사람은 없습니다. 단점이 적다는 것은 많은 사람들에게 좋은 사람으로 기억되는 조건은 될 수 있겠지만, 누군가로부터 열정적인 사랑의 대상으로 지목되기엔 불충분합니다.

우리는 이렇게 상대방이 가지고 있는 하나의 치명적인 매력, 또는 강력한 장점을 통해 한순간에 사랑에 빠집니다. 하지만 그렇게 사랑에 빠져 연애를 시작한 뒤에도 계속 그 사람의 매력과 장점만 보일까요? 그렇지 않습니다. 오랫동안 만나다보면 아무리 매력 있고 장점이 돋보였던 상대에게서도 슬슬 단점이 보이기 시작합니다. 완벽한 사람은 없게 마련입니다. 시간이 지날수록 상대방에게 바라는 점도 조금씩 늘어나게 되고, 기대의 크기에 비례해 그 사람에게 느끼는 단점도 하나둘씩 늘어가기 시작합니다. 그러다 어느 순간이 되면 처음에 느꼈던 장점보다 단점이 더 많이 보이는 경우도 생기게 됩니다.

그런데 여기에 참 이상한 일이 있습니다. 상대방을 점점 알아가면서 새로운 단점을 속속 발견해도 우리는 쉽게 이별을 통보하지 않는다는 점입니다. 지지고 볶고 싸우는 한이 있더라도, 그동안 함께하며 시간을 보낸 정을 생각해서라도 만난다는 것입니다. 사랑해서 만난 대부분의 사람들은 비록 다툼이 있더라도 대화로 풀고, 화해하고, 서로의 장점을 생각하며 상대방을 이해하려고 노력합니다.

하지만 서로 간의 갈등을 극복하지 못하고 헤어지게 되는 일도 있습니다. 어지간하면 이해하고 배려하고 노력하며 관계를 이어가려고 하지만 이마저 쉽지 않은 경우가 있습니다. 연인 등의 각별한 관계뿐만 아니라, 일반적으로 사람과 사람 사이의 관계에서 극복하지 못하는 갈등은 대체로 어떤 이유 때문일까요?

**이별에는 표면적으로 다양한 이유들이 있겠지만,
회복하지 못하는 관계의 본질적인 이유는
바로 "신뢰"가 무너지는 경우입니다.**

신뢰를 쌓기는 어렵지만 한번 무너져 내린 신뢰를 회복하는 것은 더욱 어렵습니다. 사랑이란 이름으로 내게 존재하는 수많은 단점을 눈감아 주는 사람. 내가 가진 한 가지의 장점을 칭찬하며 조금 부족해도 괜찮다고 말해주는 그 사람의 마음에 서리가 맺히는 이유는 무엇일까요? 신뢰는 왜 무너지는 것일까요?

'거짓말'을 하는 경우,
'약속'을 지키지 않는 경우.

팬은 떠나고 고객만 남은 브랜드

"거짓말하지 마라.", "약속을 지켜라." 우리들이 어린 시절부터 듣고 자란 기본적인 올바름의 덕목입니다. 하지만 도무지 쉽지 않은가 봅니다. 어른이 되어도 우리는 의도적으로, 또 본의 아니게 거짓말을 하고 약속을 지키지 못하는 경우가 있습니다. 사람들은 뭔가 떳떳하지 못한 행동을 감추고 싶거나, 유무형의 부당한 이익을 취하려고 할 때, 또는 자신의 실수를 무마하려는 목적으로 거짓말을 합니다. 당장의 상황을 자신에게 유리한 방향으로 모면하고, 쉽게 원하는 것을 얻고자 하는 속셈입니다.

거짓말로 상대방을 속이고 원하는 바를 달성하면 잠깐은 좋을 수 있습니다. 하지만 이것이 들통나는 순간 오랜 시간 쌓아온 신뢰는 한순간에 무너지고 관계는 손상되어 회복하기 어려운 상태에 놓이게 됩니다. 양심의 영역에서 스스로를 속이지 못하고 겪어야만 하는 자존감의 상처는 덤입니다.

비록 모든 이별을 일반화할 수는 없지만 사람들이 사랑에 빠지고, 이별하게 되는 과정을 대략적으로 그려봤습니다. 사랑과 이별에 대한 주제를 놓고 장황한 이야기를 늘어놓은 이유가 있습니다. 이 책에서 논의하고 있는 브랜드라는 주제가 우리들이 겪는 사랑과 이별의 과정과 너무나도 닮아있기 때문입니다.

특정 브랜드와 사랑에 빠지고 또 사랑하는 브랜드와 이별하게 되는 과정은 사람들이 사랑에 빠지고 이별하게 되는 과정과 같습니다. 각자 애착을 가지고 있는 브랜드들을 떠올려볼까요? 그 브랜드를 사랑하는 이유는 무엇인가요? 적어도 단점이 적기 때문이라는 이유는 아닐 것입니다. 말로는 다 설명할 수 없는 강력한 끌림 때문에 사랑에 빠지게 되는 것이죠.

알 수 없는 끌림의 단서를 제공하는 역할을 하는 것은 브랜드 이미지입니다. 브랜드 이미지는 브랜드의 차별적인 가치제안으로 형성됩니다. 지샥의 내구성, 볼보의 안전성, 할리데이비슨의 엔진 소리, 발뮤다의 디자인, 다이슨의 기술 등 모든 브랜드들은 자신들이 가지고 있는 독특하고, 유리하고, 차별적인 가치제안을 통해 사람들의 마음을 사로잡기 위해 노력합니다.

하지만 이런 포지셔닝 싸움에서 무조건 실패하고 마는 방법이 있습니다. 바로 모든 것을 강조하는 것입니다. 모든 것을 강조하는 것은 아무것도 강조하지 않는 것과 마찬가지입니다. 이야기해야 할 것은 단 한 가지입니다. 시간, 예산 등의 정해진 자원을 브랜드가 가진 하나의 강력한 강점과 매력에 집중해야 하는 것이죠. 여러분의 브랜드가 가지고 있는 장점이 너무나도 많다는 것을 알고 있습니다. 하고

팬은 떠나고 고객만 남은 브랜드

싶은 말이 정말 많겠지만 한 가지만 이야기하시기 바랍니다. 그래야만 사람들에게 끌림의 단서를 제공하는 브랜드 이미지를 구축할 수 있습니다.

하나의 강력한 매력과 장점을 가진 브랜드는 차츰 사람들의 눈에 띄기 시작합니다. 브랜드가 가진 장점과 매력을 발견한 사람들은 결국은 사랑에 빠집니다. 그다음 이어지는 과정도 사람과 사람 사이의 사랑과 똑같습니다. 막상 브랜드를 소유하고 경험해보니 슬슬 해당 브랜드의 이런저런 단점도 눈에 띄기 시작합니다. 하지만 이미 브랜드를 선택한 사람들은 쉽게 이별을 선언하지 않습니다. 불만을 이야기하고 짜증을 내더라도 해당 브랜드와의 관계를 계속 이어갑니다.

흔히 '정 때문에 못 헤어진다'고들 합니다. 그 이유를 군이 경영과 마케팅에 빗대어보면 '전환비용'이 발생한다고 이야기 할 수 있습니다. 다른 브랜드(사람)로 바꾼다 해도, 경험해보기 전까지는 지금 함께하는 브랜드보다 새로운 브랜드가 더 나을 것이라는 확신을 갖기는 어렵습니다. 그동안의 경험상, 강력한 첫 끌림과 장점에 이어 발견되는 수많은 단점들이 비슷할 것이라 추측하는 것입니다. 거기서 거기, 별다를 것이 없을 거라는 것이죠. 그럴 바엔 차라리 지금까지 소중한 시간을 함께해오며 추억이 깃든 기존의 브랜드를 유지합니다. 일단 한번 브랜드와 사랑에 빠진 사람들은 쉽게 브랜드를 바꾸지 않습니다. 하지만 예외인 경우가 있습니다. 앞서 언급한 것과 같습니다. 정 때문에 못 헤어진다는 '전환비용'에도 불구하고 사람들이 이별을 선택하게 되는 이유……

'거짓말'을 하는 경우,

'약속'을 지키지 않는 경우.

한 자동차 회사가 배출가스 인증을 조작합니다. 또 다른 자동차 회사는 주행 중에 불이 날 가능성을 미리 알고도 이 사실을 감추기에 급급합니다. 또 다른 분야의 브랜드는 앞으로는 진정성을 내세우고 뒤에서는 잇속을 챙기기 바쁩니다. 애초에 이 브랜드들을 사랑했던 사람들이 분노하는 이유는 무엇인가요? 배출가스가 많이 나왔기 때문일까요? 화재가 발생했기 때문일까요?

그렇지 않습니다. 그저 배출가스와 화재 때문이 아닙니다. 분노의 이유는 바로 거짓말에 있었습니다. 사람들의 마음이 한순간에 돌아선 것은 바로 "속았다"는 배신감 때문입니다. 믿었던 사람이 나를 거짓말로 속였을 때 신뢰관계가 무너지듯, 브랜드와 사람들의 관계도 그렇습니다. 브랜드를 사랑하는 사람들은 해당 브랜드의 열렬한 팬을 자처합니다. 단순히 반복적으로 구매하는 고객과 팬은 다릅니다.

고객은 지금보다 더 나은 조건을 제시하는 경쟁사가 있다면 언제든 지금의 브랜드와 이별할 준비가 되어 있는 사람들입니다. 반면 팬은 그렇지 않습니다. 이들은 브랜드의 정서와 맥락을 지지하는 사람들입니다. 그렇기 때문에 더 나은 조건을 제시하는 경쟁 브랜드의 유혹에도 쉽게 넘어가지 않습니다. 그간 브랜드와 함께 지켜온 약속과 이를 통해 쌓아온 신뢰 때문입니다.

하지만 신뢰가 무너지는 순간 팬은 고객으로 돌아섭니다. 당장 브랜드를 이탈하지 않더라도 언제라도 더 나은 거래조건을 찾게 되면 미련 없이 떠나는 고객으로 말입니다.

브랜드의 상황이 좋을 때는 고객과 팬은 분명하게 구별되지 않습니다. 잘될 때는 고객이든 팬이든 상관없습니다. 단지 내가 잘해서 잘되는 것이라고 착각하기 십상입니다. 하지만 고객을 보유한 브랜드와 팬을 확보한 브랜드의 차이는 바로 상황이 어려워졌을 때 드러납니다. 이때는 다른 혜택을 떠나 우리 브랜드를 끝까지 지지하고 함께해주는 팬들이 존재한다는 사실만으로도 큰 힘이 됩니다.

인간관계도 그렇지 않나요? 내 상황이 좋을 때는 이미 주위에 헤아릴 수 없을 정도의 많은 사람들이 있습니다. 하지만 조금이라도 상황이 어려워지면 거래로 형성된 고객은 이내 사라지고, 관계로 이어진 팬들만 곁에 남습니다. 이때 남아있는 팬들은 진심으로 나를 지지하는 사람일 가능성이 높습니다. 나를 끝까지 믿고 지지해주는 이 사람들이 다시 한 번 용기를 낼 수 있는 얼마나 큰 힘이 되어주는지 겪어보지 않으면 상상하기 어렵습니다.

이런 사람들을 곁에 두는 방법은 하나밖에 없습니다. 평소에 잘하는 것, 있을 때 잘하는 것입니다. 나에게 이익이 되지 않는 평소에 헌신하는 것입니다. 손해를 볼 수 있는 여력이 있을 때, 조금 더 손해 보는 것입니다. 때로는 세상의 법칙이 이렇게 단순한 경우도 있는 것 같습니다.

고객의 충성심을 원한다면,
브랜드가 먼저 고객에게
충성해야 합니다.

하지만 고객의 충성을 원하는 많은 브랜드 사이에서도 정작 브랜드가 먼저 고객에게 충성심을 보이는 장면은 그리 쉽게 볼 수 없습니

팬은 떠나고 고객만 남은 브랜드

다. 고객을 가르치려는 브랜드가 얼마나 많습니까? 고객은 브랜드가 지시하고 가르쳐야 할 대상이 아닙니다. 오히려 이야기를 경청하고 배워야 할 대상이 아닐까요? 상대방을 가르치려 하고 헌신만 요구하는 일방적인 관계에 진실한 사랑이 싹트길 기대할 순 없습니다. 무엇이 먼저인지 생각해볼 일입니다.

이 책에서 다시 한 번
이야기해야 할 것 같습니다.

"거래보다 관계"

263
팬은 떠나고 고객만 남은 브랜드

오늘을
살게 만드는 힘

"왜 살아야 하는지를 아는 사람은 그 어떤 상황도 견뎌낼 수 있다."
  – 니체

제가 하는 일은 회사 또는 브랜드에 대한 컨설팅을 수행하고 이에 따른 조언을 하는 것입니다. 경영 컨설팅이라고 하면 회사나 브랜드가 가지고 있는 다양한 현상과 그 안에 존재하는 문제를 정의하고, 이에 대한 해결책을 제시하는 것인데요. 이 일을 잘하기 위해서 가장 중요한 것은 무엇일까요? 전문적인 지식과 경험과 같은 요소들은 누구나 생각할 수 있는 기본적인 항목일 것입니다. 그렇다면 전문성과 경험이 성공적인 컨설팅을 위해 왜 중요하다고 생각하시나요? 맞습니다. 바로 좋은 결과를 위해서입니다.

이제 남은 질문은 하나입니다. 어떤 컨설팅 결과물이 좋은 결과물일까요? 아마 쉽게 답하기 어려운 질문일 가능성이 높습니다. 왜냐하면 이 질문은 업에 대한 관점과 정의에 따라 달라질 수 있으며, 상대적인 답변을 요구하는 의미를 담고 있기 때문입니다.

하지만 주관적 생각을 담은 상대적 답변이 향하는 본질적인 종착지는 의외로 단순합니다. 컨설팅을 요청한 회사에서 '신뢰할 수 있는 결과물'이 좋은 결과물이라는 것이죠. 여기에서 신뢰라는 것은 믿을 수 있다는 뜻입니다. 다시 말해 컨설팅 회사에서 제안한 내용대로 실행하면 자신들이 가지고 있는 문제를 지혜롭게 해결할 수 있다고 '기대할 수 있는 결과물'이 신뢰할 수 있는 결과물인 것이죠.

결국 컨설팅은 현재의 상태보다 개선될 것이라고 믿는 내일의 기대를 판매하는 업입니다. 신뢰할 수 있는 올바른 문제정의와 해결책을 통해 한 걸음 더 나아질 수 있다는 '용기'와 '희망'을 파는 일이 컨설팅이라는 업의 본질인 것이죠. 비단 컨설팅뿐만이 아닙니다. 기대할 만한 내일이 있다는 것은 오늘을 살아가는 우리들에게 알 수 없는 신비한 힘을 부여합니다.

여러분은 금요일과 일요일 중 언제 더 행복하신가요? 실제로 이 질문을 했을 때, 대부분의 사람들은 한 치의 망설임도 없이 금요일이라고 대답합니다. 오죽하면 금요일을 불금이라고까지 할까요. 그런데 생각해보면 금요일이 좋다고 대답하는 것엔 조금 이상한 부분이 있습니다. 대개 금요일에는 일을 하고, 일요일은 쉽니다. 그런데 금요일을 선호하다니, 갑자기 일이 하고 싶어진 것일까요? 아니면 원래 일하는 날을 좋아했던 것일까요? 결과적으로 이 대답만 놓고 보면 사람들이 쉬는 날보다 일하는 날을 더 선호하는 것입니다.

우리 모두가 알다시피 일하는 날이 더 좋아서가 아니죠. 사람들이 금요일에 더 행복한 이유, 사람들이 그토록 금요일을 기다리는 이유는 바로 '내일에 대한 기대'에서 비롯된 것입니다.

금요일의 내일은 토요일입니다. 게다가 내일 모레도 일요일이니 금요일은 불금이 될 수밖에요. 반면에 일요일의 내일은 월요일입니다. 많은 사람들이 병(?)에 걸리는 날이죠. 얼마나 싫었으면 월요일은 월요병이라는 질환의 원인으로 지목되기도 합니다. 월요병은 따로 증상과 처방이 정의되어 있을 정도로 일반적인 병입니다. 심지어 월요병이라는 단어가 국어사전에도 등재되어 있을 정도니까요. 그럼 질문을 살짝 바꿔보겠습니다.

"우리는 언제 행복한가요?"

'불' 같은 금요일, '병' 같은 월요일은 우리가 행복을 느끼는 것이 바로 미래에 대한 '기대'에 근거한다는 사실을 나타냅니다. 인간에게 기대란 행복을 위해 없어선 안 될 필수적인 조건인 것입니다. 먹을 것만 있으면 오늘을 행복하게 살 수 있는 동물과 달리 인간은 그렇지 않습니다. 당장 입고 먹을 것이 채워진다는 조건만으로는 결코 오늘을 행복하게 살아갈 수 없습니다.

너무나도 안타까운 일이 있습니다. 우리나라의 자살률은 2018년 기준으로 10만 명당 24명 정도로 OECD국가 중 2위, 2017년 기준으로는 1위라고 합니다. 그나마 1위에서 2위로 한 단계 내려간 것은 우리나라의 자살률이 낮아져서가 아닙니다. 우리나라의 자살률은 그대로인 채, 우리보다 자살률이 더 높은 리투아니아가 OECD에 새롭게 가입했기 때문입니다. 참고로 OECD국가 평균은 11명이라고 합니다.

여담이지만 경험자로서 꼭 해드리고 싶은 이야기가 있습니다. 자살이라는 극단적인 결심을 실행할 용기로 살아간다면, 동시에 그 어떤 어려움도 누구보다 잘 이겨낼 수 있는 용기가 있다는 증거입니다. 그 용기를 삶을 포기하는 것이 아니라, 살아가는 데 사용하세요. 그런 용기를 가진 사람은 누구보다 오늘을 더 지혜롭게 극복할 수 있는 사람입니다. 극단적인 선택을 결심하는 사람들은 오늘이 힘들어서가 아닙니다. 오늘 가난하고 힘들다고 해서, 오늘이 초라하고 한 끼가 아쉬운 상황이라는 이유만으로 그런 선택을 하는 사람은 없습니다.

문제는 내일이라는 미래입니다. 당장 모진 시련이 닥쳐도 마음속에 기대할 수 있는 내일의 희망을 품고 있는 사람은 오늘 웃을 수 있습니다. 하지만 희망의 빛이 부재할 때, 내일을 가리는 절망의 그늘이 드리워집니다.

하지만 예외는 존재합니다. 나치 강제수용소란 최악의 절망적 상황 속에서도 살아남은 사람들이 있습니다. 빅터 프랭클도 살아남은 사람 중 한 명입니다. 내일에 대한 기대가 없을 때 극단적인 선택하는 사람들, 그럼에도 불구하고 살아남을 수 있었던 사람들, 빅터 프랭클은 당장 언제 죽게 될지 모르는 수용소 안에서 그가 겪었던 일들을 상세하게 글로 남기는데요. 그 글들을 엮은 책의 제목이 〈죽음의 수용소에서〉입니다. 그는 자신이 겪은 경험의 결론을 이렇게 정리합니다.

"가장 비참한 상황에서도 삶은 잠재적인 의미를 가지고 있다."

그리고 어떤 상황에서도 희망을 잃지 말아야 한다고 역설합니다. 혹시 내일의 기대가 부재한 상황에 놓인 사람들, 희망의 끈을 놓고 싶은 충동에 빠진 사람들이 꼭 읽어봤으면 하는 책입니다. 지금 누군가 상상하는 훨씬 더 극단적인 상황 속에도 희망이 있고 빛이 있고 내일이 있습니다. 당신이 지금까지 보고 느끼고 경험한 짧은 생각과 경험으로 삶이라는 주제에 대해 쉽사리 '아니요'라고 결론 내리지 않았으면 합니다. 어떤 상황에서도 극단적인 선택을 해서는 안 됩니다. 다시 원래의 이야기로 돌아와볼까요?

인생에서 가장 행복한 순간은,
행복한 오늘이 실현되었을 때가 아니라
행복한 내일을 기대할 만큼의 여분이 남겨진
오늘입니다.

굉장히 역설적인 삶의 모순이죠. 행복한 오늘보다, 기대할 수 있는 내일의 희망에 의탁하는 모순적인 현상은 사회 곳곳에서 쉽게 찾아볼 수 있습니다. 부동산 가격이 가장 높을 때는 언제일까요? 주식 가치가 최고점을 찍는 시점은 언제일까요?

어릴 때 우리들이 자주 들었던 말들이 있죠? 혹시 기억이 나는지 모르겠습니다. 부모님이 다른 사람들에게 참 많이도 했던 말, "우리

아이가 머리는 좋은데, 그만큼 공부를 안 해서……" 혹시라도 저만의 경험은 아니길 바랍니다. 부모님들이 자신의 아이에게 머리는 좋은데 공부를 안 해서 결과가 기대만큼 좋지 않다고 말하는 것은, 사실 기대의 여지를 남겨두는 것입니다. 그럼에도 불구하고 아쉽지만 그 머리 좋은 아이는 진짜 머리가 좋을지언정 절대 그 머리를 공부에 사용하는 기적을 일으키지는 않습니다. 부모들은 그저 희망을 버리고 싶지 않은 겁니다. 계속 기대하고 싶은 것입니다. 기대를 멈추지 않아야 오늘을 조금 더 행복하게 살 수 있거든요.

이렇듯 인간은 기대를 먹고 사는 존재입니다. 진정한 부자는 이미 많은 것을 가지고 성취한 사람이 아니라 앞으로 기대할 것이 많은 사람입니다. 가장 가난한 사람은 지금 많이 가졌어도 미래에 기대할 수 있는 꿈과 희망이 초라한 사람입니다. 그렇기 때문에 현명한 사람들은 인생에서 가장 소중한 자산은 돈이 아니라, 마음껏 꿈꾸고 희망하고 기대할 수 있는 젊음이라는 사실을 알고 있습니다.

예전에 힐링캠프라는 프로그램에서 YG엔터테인먼트의 양현석 대표가 나와 강연을 하고 청중들과 질의응답을 하던 중 다음과 같은 이야기를 했습니다.

"여러분 제가 돈 많은 게 부러우시죠?
제가 제일 부러워하는 것이 뭘까요? 바로 젊음입니다.
저는 여러분이 가장 부럽습니다."

여기에서 양현석 대표는 만약 자신이 20대 초반으로 돌아갈 수 있다면 고민하지 않고 현재의 모든 재산과 젊음을 바꾸겠다고 했습니다. 아마 누구라도 같은 생각일 겁니다. 아무리 경제적으로 성공해도 무언가를 더 꿈꾸고 추구할 수 없다면, 더구나 그 이유가 생물학적 나이에 기인한다면 누구라도 쉽게 행복을 만끽하기 어려울 것입니다.

희망고문이라고 들어보셨죠? 막연한 기대에 현재를 저당잡힌 채로 이러지도 저러지도 못하는 상태를 희망고문이라고들 합니다. 내 의지로 어찌할 수 없는 것에 자꾸만 여지가 남는 것이죠. 그런데 이런 희망고문도 오늘을 살아가는 힘이 될 수 있습니다.

희망이 고문이면 어때요? 그래도 좋으니
조금 더 희망하고, 조금 더 꿈꾸고, 조금 더
기대할 것이 많아졌으면 좋겠습니다.

마음 한편에 불가능해 보이는 꿈도 품어보고, 높은 수준의 목표를 향해 달려보기도 하는 겁니다. 삶과 행복의 실존이 지금, 여기, 이 순간이라는 현재에 담겨있다는 것은 표면적 사실입니다. 하지만 지금, 여기, 이 순간의 삶과 행복의 실체적 진실은 희망, 꿈, 목표, 기대와 같은 미래에 근거합니다.

여러분이 살고 있는 오늘은 금요일입니까? 아니면 일요일입니까? 월, 화, 수, 목을 금요일로 살아갈 수 있는 우리가 되길 바랍니다. 얼마나 멋집니까?

"금요일 같은 삶"

Epilogue.

변하는 것과 변하지 않는 것,
그 후

2017년 01월 20일, 저의 첫 책인 〈변하는 것과 변하지 않는 것〉이 처음 세상에 나온 날입니다. 처음 도전을 시작했던 그때가 생각납니다. 책의 제목을 정하고 원고를 작성하고 이리저리 출판사를 찾아가며 투고를 했습니다. 대략 30곳이 넘는 출판사에 원고를 보여드린 것 같습니다. 결과는 좋지 않았습니다. 돌아오는 대답은 거의 비슷했습니다. "책의 제목이 마케팅과 어울리지 않는다.", "요즘은 SNS 같이 당장 써먹을 수 있는 내용이 아니면 힘들다." 한 출판사에서는 이런 내용으로는 절대 성공할 수 없다는 이야기를 듣기도 했습니다. 이렇

274
브랜드가 되어간다는 것

게 거의 모든 출판사에서 단칼에 거절당한 원고가 바로 〈변하는 것과 변하지 않는 것〉이었습니다.

BACK TO THE BASIC
거래보다 관계 . 유행보다 기본 . 현상보다 본질

지난 20년 동안 직접 경험하며 깨닫고 배운 것들을 공유하고 싶은 마음이 너무나도 간절했습니다. 하지만 내용을 타협하거나 적당히 수정해서 마케팅 테크닉을 이야기하는 책으로 출간하고 싶은 마음은 없었습니다. 우여곡절 끝에 아주 작은 출판사를 통해 책이 출간되었습니다. 저는 이미 다양한 출판사에서 부정적인 피드백을 받은 상태였기 때문에 의기소침한 상태였습니다. 책이 잘될 것이라는 기대를 갖기 어려웠습니다. 당연히 베스트셀러는 상상할 수도 없었습니다.

그런데 상상하기 힘들었던 일이 일어났습니다. 책이 출간되자마자 생각보다 많은 분들의 긍정적인 평가가 이어졌습니다. 출간되자마자 바로 경영분야 베스트셀러가 되었고, 마케팅/브랜드 분야에서는 베스트셀러 1위로 올라섰습니다. 그야말로 꿈같은 날들이 이어졌습니다. 자고 일어나니 제 삶의 많은 부분이 달라져 있었습니다. 사람들의 주목을 받기 시작하면서 여기저기에서 컨설팅, 강연요청이 이어졌습니다. 가끔 저를 알아봐 주시는 분들도 생겼고, 책을 잘 봤다며 사인을 요청하는 분들과 마주치는 경험도 하게 되었습니다. 한번은 지하철에서 저의 책을 읽고 있는 독자를 보고, "그 책의 저자가 저예요!"라고 말하고 싶은 생각이 들었던 적도 있습니다.

"이게 무슨 일이지?"

지금까지 한 번도 상상해본 적 없는 낯선 일상이 펼쳐졌습니다. 그런데 이런 특별함도 금방 익숙해지더군요. 가끔은 감사한 마음보다 나 자신이 특별한 사람이 된 것 같은 착각이 앞설 때도 있었습니다. 그럴 때마다 과거에 경험했던 실패의 기억을 떠올렸습니다. 반복되는 실패 속에는 겸손과 중용, 무엇보다 절대 초심을 잃어선 안된다는 뼈아픈 교훈이 있었기 때문입니다.

첫 책이 잘 된 덕분에 저는 두 번째 책을 쓸 수 있게 되었습니다. 하지만 두 번째 책에 대한 용기를 내기까지 많은 시간이 필요했습니다. 성공한 첫 책 하나로, 영원히 좋은 평가를 받는 저자로 남고 싶었습니다. 초심자의 행운이라고 하죠? 우연일지 모르는 한 번의 성공과 행운을 지키고 싶었습니다. 혹시 두 번째에는 진짜 실력이 들통나지는 않을까 하는 걱정이 앞섰던 것도 사실입니다. 이런 식으로 스스로를 합리화하고 타협하고 싶은 마음에 두 번째 도전을 망설이게 되었음을 고백합니다. 다시 초심자의 마음으로 이 책의 첫 문장을 시작하기까지 오랜 시간이 걸렸습니다. 〈브랜드가 되어간다는 것〉은 저에게 큰 용기가 필요했던 도전이었습니다. 저는 〈변하는 것과 변하지 않는 것〉 이상의 책을 쓸 자신이 없었습니다. 이런 고민으로 며칠 밤잠을 이루지 못한 적도 있습니다.

이번에는 〈브랜드 에세이〉라는 새로운 형식으로 결과를 예측할 수 없는 도전을 해보기로 했습니다. 기존의 성공 경험을 지우고, 아무것도 잃을 것이 없었던 그때의 마음으로 말입니다. 가끔 〈변하는 것과 변하지 않는 것〉을 읽은 독자분들이 메일이나 쪽지로 장문의 글을 보내주시는 경우가 있습니다. 그중에는 책이 현실의 문제를 해결하는 데 도움이 되었다는 이야기부터 삶의 용기와 희망을 얻었다는 글도 있었습니다.

"글이 삶을 바꿀 수 있을까요?"

저는 지금까지 글이 삶을 바꿀 수 있다는 생각을 해본 적이 없습니다. 누군가 저에게 글이 삶을 바꿀 수 있다는 이야기를 해 주었다고 해도 아마 잘 이해하지 못했을 겁니다. 그렇지만 독자분들이 저에게 보내주신 글 덕분에 알게 되었습니다. 책 한 권으로 한 사람의 삶이 달라질 수 있다는 사실을 말입니다.

책 속의 글들을 몇 번이나 다시 고쳐 썼는지 모릅니다. 화려한 미사여구로 지나치게 치장한 글은 아닌지, 내가 살아가고 있는 삶의 모습과 다른 글을 쓰고 있는 것은 아닌지, 나름대로 수없이 많은 성찰과 검열을 거쳤습니다. 이제는 독자분들의 평가를 겸허한 마음으로 받아들이는 일만 남았습니다. 소중한 의견 하나하나, 배움과 성장의 밑거름이 되도록 하겠습니다.

어쩌면 나오지 못했을 저의 두 번째 책, 〈브랜드가 되어간다는 것〉이 세상의 빛을 보게 된 것은 전적으로 함께 해주신 독자분들 덕분입니다. 여러분 덕분에 두려움을 극복하고 글을 다시 시작할 수 있는 용기를 얻게 되었습니다. 이제는 제가 돌려드리고 싶습니다. 작은 소망이 있다면 화려하고 멋진 글보다는 마음을 움직이는 진정성 있는 글로 기억되었으면 좋겠습니다. 저의 글이 여러분 한 사람의 삶과 일상을 바꿀 수 있는 작은 용기의 씨앗이 되길 소망합니다. 저에게 도전할 수 있는 기회와 용기를 주셔서 고맙습니다.

모든 기적이 여러분 덕분입니다.
진심으로 고맙습니다.

Thanks to.

이 책은 출판사 턴어라운드 패널단 분들의 소중한 의견이 반영 되었습니다.
출판에 도움을 주신 패널단 분들께 진심으로 감사드립니다.

오미경 (qooq**)

이태수 (booooooooooooooooo**)

허순실 (sunsil20**)

정의석 (transartis**)

류지희 (jihee.ry**)

김광열 (486nana**)

김광석 (복잡**)

박 철 (parkchull1**)

장승범 (jangmicha**)

이현심 (teo19**)

이원진 (wjlee9**)

오용화 (아*)

전하영 (happy_14**)

전서영 (happy_04**)

그리고 모든 인고의 시간을 함께해준 나의 아내 엘리에게,
사랑과 감사의 말을 전합니다.

김영미 (freed**)

송혜은 (hyeeun01**)

김성래 (sr**)

박중혁 (leeja**)

김성숙 (kss35**)

조혜련 (fly_hi**)

박서연 (algml82**)

이상곤 (goni10**)

전유경 (youqin**)

박철민 (davle90**)

장재훈 (hl4g**)

고현정 (hjko**)

김아름 (def**)

이외에 실명 공개를 원치 않으셨던
패널단 분들께도 진심으로 감사의
말씀을 전합니다.

이 책에 사용된 이미지는 최대한 출처를 표기하려고 노력하였습니다. 만약 저작권 문제가 있는
이미지의 경우 출판사로 알려주시면 관련 내용 확인 후 조속히 해결하겠습니다.

브랜드가 되어 간다는 것
나는 하루 한번 [나] 라는 브랜드를 만난다

발 행 일	2019년 4월 2일 초판 1쇄
	2024년 5월 6일 초판 21쇄
저 자	강민호
펴낸이	강민호
펴낸곳	㈜턴어라운드
출판기획	정호정
편집·디자인	문지용
교정·교열	이보윤 · 전하영
마케팅 전략	턴어라운드 컨설팅그룹
출판등록	2019.04.10 제 2018-000106호
주소	경기도 성남시 정자일로 177 인텔리지2 C동 2704호
전화	02-529-9963
웹사이트	www.tabook.kr
이메일	turnbook@naver.com
ISBN	979-11-963721-5-6 (03320)

• 저자와의 협의 하에 직인은 생략하며, 저작권자나 발행인의 승인 없이 이 책의
  일부 또는 전부를 무단 복사, 복제, 전재하는 것은 저작권법에 저촉됩니다.
• 책값은 표지 뒷면에 있습니다. 잘못된 책은 구입처에서 바꾸어 드립니다.
• 출판하고 싶은 원고가 있다면 turnbook@naver.com으로 보내주세요.

© ㈜턴어라운드

이 도서의 국립중앙도서관 출판예정도서목록(CIP)은 서지정보유통지원시스템 홈페이지
(http://seoji.nl.go.kr)와 국가자료종합목록시스템(http://www.nl.go.kr/kolisnet)
에서 이용하실 수 있습니다. (CIP제어번호 : CIP2019009673)